Der Mann gegen den Himmel

Ein Buch mit Gedichten

Edwin Arlington Robinson

Writat

Diese Ausgabe erschien im Jahr 2023

ISBN: 9789359258409

Herausgegeben von
Writat
E-Mail: info@writat.com

Inhalt

Flammonde

Der Mann Flammonde , von Gott weiß woher,
Mit fester Adresse und ausländischem Flair,
Mit Nachrichten über Nationen in seinem Vortrag
Und etwas Königliches in seinem Gang,
Mit eisernem Glanz in den Augen,
Aber niemals zweifeln, noch überraschen,
Erschien und blieb und hielt seinen Kopf
Als einer von Königen akkreditiert.

Aufrecht, mit seiner wachen Ruhe
Über ihn und über seine Kleidung,
Er stellte sich alle Überlieferungen vor
Von dem, was wir fünfzig Jahren schulden.
Sein reinigendes Erbe des Geschmacks
Weder Mangel noch Verschwendung wurden zur Schau gestellt;
Und was er für sein Honorar brauchte
Um zu leben, nahm er gnädigerweise Kredite auf.

Er hat uns nie erzählt, was er war,
Oder welches Unglück oder eine andere Ursache,
Hatte ihn aus besseren Tagen verbannt
Den Prinzen der Schiffbrüchigen spielen.
Mittlerweile hat er überragend gut gespielt
Eine Rolle, für die meisten unspielbar;
Kurz gesagt, man hält halb verängstigt inne
Ich kann mit Sicherheit sagen, dass er gespielt hat.

Darauf kann man genauso gut verzichten
Überzeugung hinsichtlich Ja oder Nein;
Ich kann auch nicht genau sagen, wie intensiv
Wäre dann der Unterschied gewesen
An mehrere, die sich bemüht haben
Vergeblich, um zu bekommen, was ihm gegeben wurde,
Würde sehen, wie der Fremde aufgenommen wird
Von Freunden nicht leicht zu gewinnen.

Darüber hinaus viele Unzufriedene
Er beruhigte und fand großzügig;
Seine Höflichkeit verführte und vereitelte
Verdacht, dass seine Jahre befleckt waren;

Seine Miene zeichnete jede Menge aus,
Sein Ansehen wurde gestärkt, als er sich verneigte;
Und Frauen, ob jung oder alt, waren begeistert
Flammonde anzusehen .

In unserer Stadt gab es eine Frau
Auf wen die Mode war, die Stirn zu runzeln;
Aber während unseres Gesprächs erneuerte sich der Ton
Von einem längst verblassten scharlachroten Rand,
Der Mann Flammonde sah nichts davon,
Und was er sah, wunderten uns –
Dass keiner von uns in ihrer Not
Könnte unsere Kleinheit verstecken oder finden.

Es gab einen Jungen, dem alle zustimmten
Hatte den seltenen Samen in sich eingeschlossen
Vom Lernen. Wir konnten verstehen,
Aber keiner von uns konnte eine Hand rühren.
Der Mann Flammonde begutachtete den Jüngling,
Und sagte einigen von uns die Wahrheit;
Und dabei, für ein wenig Gold,
Eine blühende Zukunft wurde entfaltet.

Es gab zwei Bürger, die kämpften
Jahrelang und über nichts ;
Sie machten ihren Freunden das Leben schwer,
Und ihre eigenen Dividenden gekürzt.
Der Mann Flammonde sagte, was los war
Sollte richtig gemacht werden; es dauerte auch nicht lange
Bevor sie wieder in der Schlange standen,
Und wir luden uns gegenseitig zum Essen ein.

Und diese, die ich erwähne, sind nur vier
Von vielen von vielen mehr.
So viel zu ihnen. Aber was ist mit ihm –
So fest in jedem Blick und in jedem Glied?
Was für ein kleiner satanischer Irrtum
War in seinem Gehirn? Was für ein kaputter Link
Ihn vom Schicksal ferngehalten
Das war so nahe daran, ihm zu gehören?

Was war er, als wir zum Sieben kamen
Seine Bedeutung und die Abweichung zu beachten

Von unkommunizierbaren Wegen
Das bringt uns zum Nachdenken, während wir loben?
Warum offenbarte sich sein Charme?
Irgendwie die Oberfläche eines Schildes?
Was haben wir nie gefangen?
Was war er und was war er nicht?

Wie sehr war es von ihm, als wir ihn trafen
Wir können es nie wissen; noch nicht
Soll alles, was er uns gegeben hat, vollständig gesühnt werden?
Denn was gehörte ihm und ihm allein;
Wir brauchen es jetzt auch nicht, da er es am besten wusste,
Nähren Sie eine ethische Unruhe:
Selten gibt die Natur sofort nach
Flammonde zu sein und zu leben.

Wir können nicht wissen, wie viel wir lernen
Von denen, die niemals zurückkehren werden,
Bis zu einem Blitz des Unvorhergesehenen
Die Erinnerung fällt auf das, was war.
Jeder von uns muss einen sich verdunkelnden Hügel erklimmen;
Und deshalb von Zeit zu Zeit
In Tilbury Town blicken wir über den Tellerrand hinaus
Horizonte für den Mann Flammonde.

Das Geschenk Gottes

Gesegnet mit einer Freude, die nur sie hat
Von allen Lebenden wird es jemals erfahren,
Sie trägt eine stolze Demut
Denn was es so wollte, –
Dass ihr Abschluss so großartig sein sollte
Unter den Begünstigten des Herrn
Dass sie das Gewicht kaum tragen kann
Von ihrer verwirrenden Belohnung.

Als einer für sich, immun, allein,
Oder für die Strahlenden vorgestellt,
Und wie niemand, den sie je gekannt hat
Von den anderen Söhnen anderer Frauen –
Die feste Verwirklichung ihres Bedürfnisses,
Er strahlt gesalbt; und er verschwimmt
Ihre Vision, bis es tatsächlich scheint
Es wäre ein Sakrileg, ihn ihren zu nennen.

Sie hat ein wenig Angst um so viel
Von dem, was das Beste ist, und was man kaum wagt
Ihn als jemanden zum Anfassen zu betrachten
Mit Schmerzen, Demütigungen und Sorgen;
Sie sieht ihn eher am Ziel,
Immer noch leuchtend; und ihr Traum sagt es voraus
Das richtige Strahlen einer Seele
Wo nichts Gewöhnliches wohnt.

Vielleicht ein Blick auf die Stadt
Würde ihn fernab von Fahnen und Geschrei finden,
Und überlasse ihm nur den Ruhm
Von vielen Lächeln und vielen Zweifeln;
Vielleicht die grobe und gewöhnliche Sprache
Würde seinen Wert auf seltsame Weise beeinträchtigen;
Aber sie, mit ungezügelter Unschuld ,
Würde seinen Namen auf der ganzen Erde lesen.

Und andere, die wissen, wie diese Jugend ist
Würde strahlen, wenn die Liebe ihn großartig machen könnte,
Wenn sie für die Wahrheit erwischt und gefoltert werden
Würde sich nur winden und zögern;
Während sie seine Tage arrangiert

Was Jahrhunderte nicht erfüllen konnten,
Verwandelt ihn mit ihrem Glauben und Lob,
Und lässt ihn strahlen, wo sie will.

Sie krönt ihn mit ihrer Dankbarkeit,
Und sagt noch einmal, dass das Leben gut ist;
Und sollte die Gabe Gottes geringer sein?
In ihm als in ihrer Mutterschaft,
Sein Ruhm wird, wenn auch vage, nicht gering sein,
Als er durch ihren Traum aufwärts geht,
Halb bewölkt mit purpurrotem Herbst
Von Rosen, die auf Marmortreppen geworfen werden.

Die anhaftende Rebe

„Sei ruhig? Und war ich hektisch?
Du wirst mich bald zum Lachen bringen.
Ich bin ruhig wie dieser Atlantik,
Und ruhig wie der Mond;
Vielleicht habe ich schneller gesprochen
  Als einmal, in anderen Tagen;
Denn ich habe keinen Meister mehr,
Und jetzt: „Seien Sie ruhig", sagt er.

„Fürchte dich nicht, fürchte dich nicht vor Aufregung, –
Ich werde wie Felsen und Sand sein;
Der Mond und die Sterne und das Meer
Ich werde mein Kommando beneiden;
Kein Lebewesen könnte stiller sein
An jedem Ort
  Dann ... Nein, ich werde sie nicht töten;
Ihr Tod liegt ihr ins Gesicht geschrieben.

„Sei glücklich, solange sie es hat,
Denn sie wird es nicht lange haben;
Ein Jahr, und dann wirst du es bestehen,
Ein neues Lied vorbereiten.
Und ich bin ein Idiot, wenn es ums Plappern geht
Was ein Jahr bringen kann,
Wenn mehr wie sie warten
Damit mehr wie du singen.

„Du verspottest mich mit Leugnung,
Du willst mich hart nennen?
Sie sehen keinen Raum für einen Prozess
Wenn alle meine Türen verriegelt sind?
Du sagst, und du würdest sagen, sterbend,
Dass ich träume, was ich weiß;
Und seufzend und leugnend,
Du würdest meine Hand halten und gehen.

„Du siehst finster aus – und das wundert mich nicht;
Ich sprach wieder zu schnell;
Aber du wirst einen Fehler verzeihen,
Denn du bist wie die meisten Männer:
du – zumindest hast du es mir gesagt,

So viele sterbliche Zeiten,
Dieser Himmel sollte mich nicht festhalten
Verantwortlich für Verbrechen.

„Sei ruhig? War ich unangenehm?
Dann werde ich diskreter sein,
Und gewähre dir vorerst
Der Balsam meiner Niederlage:
Was sie, mit all ihrem Streben,
Konnte nicht herbeigeführt haben,
Du hast gemacht. Deine eigene Erfindung
Hat das letzte Licht gelöscht.

„Wenn sie die ganze Geschichte wäre,
Wenn nicht noch Schlimmeres dahinter stünde,
Ich würde mit dir zum Ruhm kriechen,
Ich glaubte, ich sei blind;
Ich würde schleichen und weiter scheinen
Das zu sein, was ich verachte.
Du lachst und sagst, ich träume,
Und all dein Lachen sind Lügen.

„Sind Frauen verrückt? Einige sind,
Und wenn es wahr ist, sagen Sie:
Wenn die meisten Männer so sind wie Sie –
Wir werden alle eines Tages wütend sein .
Seien Sie ruhig – und lassen Sie mich ausreden;
Es gibt noch mehr für Sie zu wissen.
Ich werde reden, während du nachlässt,
Und höre zu, während du wächst.

„Es gab einen Mann, der heiratete
Weil er nicht sehen konnte;
Und all seine Tage trug er
Das Zeichen seines Abschlusses.
Aber du – du kamst klarsichtig,
Und fand die Wahrheit in meinen Augen;
Und all mein Unrecht hast du wiedergutgemacht
Mit Lügen und Lügen und Lügen.

„Du hast die letzte Zusicherung getötet
Das würde mich einmal anstrengen
Eine alte Ausdauer wecken

Das ist nicht mehr lebendig.
Da wird es zwei Leuten kalt
Um zu sagen, was wir gesagt haben:
Aber du — du wirst nicht albern sein
Und ringen um die Toten.

„Tust du das nicht? Du streitest nie?
dann schimpfen oder sich beschweren?
Mehr Wörter werden nur verstümmeln
Was du bereits getötet hast.
Deinen Stolz, den du nicht aufgeben kannst?
Mein Name — dafür fürchtest du dich?
Seit wann sind Männer so zärtlich,
Und Ehre so streng?

„Nicht mehr — ich werde es nie ertragen.
Ich gehe. Ich bin wie Eis.
Meine Last? Du würdest es teilen?
Verbiete das Opfer!
Vergessen Sie eine so seltsame Vorstellung,
Und es soll nichts mehr erzählt werden;
Für Mond und Sterne und Ozean
Und dir und mir ist kalt.

Kassandra

Ich hörte jemanden, der sagte: „Wahrlich,
Welches Wort habe ich hier für Kinder?
Dein Dollar ist dein einziges Wort,
Der Zorn davon ist deine einzige Angst.

„Man baut die Altäre hoch genug
Um dich sehen zu lassen, aber du bist blind;
Man kann es nicht lange genug stehen lassen
Vor oder hinter sich schauen.

„Wenn die Vernunft Sie zum Innehalten auffordert,
Du lachst und sagst, dass du es am besten weißt;
Aber was es ist, wissen Sie, das behalten Sie
So dunkel wie Barren in einer Truhe.

„Du lachst und antwortest: ‚Wir sind jung;
O verlass uns jetzt und lass uns wachsen.'—
Ich frage mich nicht, wie viel mehr davon noch
Wird die Zeit Bestand haben oder das Schicksal geben?

„Weil ein paar selbstgefällige Jahre
Habe aus deinem Stolz deine Gefahr gemacht,
Denken Sie, dass Sie weitermachen müssen
Für immer verwöhnt und unerprobt?

„Was für eine verlorene Finsternis der Geschichte,
Was für ein Biwak der marschierenden Sterne,
Hat das Zeichen gegeben, damit Sie es sehen können
Jahrtausende und letzte große Kriege?

„Was für ein beispielloser Umsturz
Von allem, was die Welt jemals gewusst hat,
Oder jemals gewesen ist, hat sich selbst gemacht
So klar für dich und dich allein?

„Dein Dollar, deine Taube und dein Adler machen
Eine Dreieinigkeit, die sogar du
Bewerten Sie höher, als Sie sich selbst bewerten;
Es zahlt sich aus, es schmeichelt und es ist neu.

„Und obwohl du aus Fleisch und Blut bist

Sei, was dein Adler isst und trinkt,
Du wirst ihn für die besten Vögel loben,
Ich weiß nicht, was der Adler denkt.

„Die Macht gehört dir, aber nicht der Anblick;
Du siehst nicht, worauf du trittst;
Sie haben das Alter für Ihren Führer,
Aber nicht die Weisheit, sich führen zu lassen.

„Ich denke, du wirst für immer niedertreten
Die gnadenlosen alten Wahrheiten?
Und sollst du niemals Augen haben?
Die Welt so sehen, wie sie ist?

„Sollst du für das bezahlen, was du hast?
Mit allem, was du bist?“ – Kein anderes Wort
Wir haben es erwischt, aber mit einer lachenden Menge
Ging weiter. Keiner beachtete es und nur wenige hörten es.

John Gorham

„ Erzähl mir, was du hier machst, John Gorham,
Schwer seufzen und scheinbar leid tun, obwohl es nicht so ist;
Bring mich zum Lachen oder lass mich jetzt gehen, für lange Gesichter
im Mondlicht
Sind für mich ein Zeichen, ein Wort, das du vergessen hast, noch einmal
zu sagen. "—

„Ich bin hier, um dir zu sagen, was der Mond schon ist
Vielleicht hat er das schon seit einem Jahr gesagt oder vielleicht auch
geschrien;
Ich bin hier, um dir zu sagen, was du bist, Jane Wayland.
Und ich möchte sagen, dass es Ihnen ziemlich leid tut, dass es so ist. "—

„ Sag mir, was du mir jetzt sagst, John Gorham,
Sonst sieht man von mir nie mehr so viel wie Bänder ;
Ich werde auf so viele Arten verschwinden, wie ich Zehen und Finger habe,
Und du wirst einem nicht weit folgen, wo schon einmal Herden waren. "—

„Es tut mir leid, dass du die Herden nie gesehen hast, Jane Wayland.
Aber Sie sind derjenige, der daraus so viele macht, wie Sie brauchen.
Und dann über das Verschwinden. Ich bin es, der verschwinden will;
Und wenn ich nicht mehr hier bin, wirst du in der Tat mit mir fertig
sein. "—

„Das ist eine Möglichkeit, mir zu sagen, wer ich bin, John Gorham!
Wie soll ich mich selbst kennen, bis ich dich zum Lächeln bringe?
Versuchen Sie, so auszusehen, als würde der Mond Ihnen Gesichter
schneiden,
Und ein bisschen mehr, als ob du noch eine Weile bleiben wolltest. "—

„Du bist, was es ist, über Rosengärten
Macht ein schönes Flattern für eine Saison in der Sonne;
Du bist, was es mit einer Maus ist, Jane Wayland,
Fängt ihn, lässt ihn los und frisst ihn zum Spaß auf. "—

„ Sicher habe ich dich nie für eine Maus gehalten, John Gorham;
Alles, was Sie sagen, ist einfach, aber bei weitem nicht wahr
Dass ich wünschte, du wärst nie wieder derjenige, der so denkt;
Denn es sind nicht Katzen und Schmetterlinge, die ich für dich sein
möchte. "—

„Alle deine kleinen Tiere sind auf einem Bild –
Eines, das ich heute Abend seit einem Jahr vor mir hatte;
Und das Bild dort, wo sie leben, wird von dir sein, Jane Wayland,
Bis du einen Weg findest, sie zu töten oder außer Sichtweite zu halten."—

„Willst du mich nie so sehen, wie ich bin, John Gorham?
Die Dummheit und alles weglassen, was ich nie gemeint habe?
Irgendwo in mir steckt eine Frau, wenn man weiß, wie man sie findet.
Wirst du mich mehr mögen, wenn ich es beweise und Buße tue?"

„Ich bezweifle, dass ich jemals die Zeit dazu haben werde, Jane Wayland;
Und ich wage zu behaupten, dass das ganze Mondlicht, das uns umgibt,
das auch tun könnte
Fallen Sie umsonst auf die Scherben zerbrochener Urnen herein, die
vergessen sind,
Wie bei zweien, die nicht mehr viel zu erzählen haben."

Staffords Hütte

Einst war hier eine Hütte, und einst war dort ein Mann;
Und hier geschah etwas, bevor meine Erinnerung begann.
Die Zeit hat die beiden zum Treibstoff einer Flamme gemacht
Und alles, was wir von ihnen haben, ist jetzt eine Legende und ein Name.

Ich muss nur sagen, was ein alter Mann zu mir sagte:
Und das scheint so viel zu sein, wie es jemals sein wird.
„ Vor fünfzig Jahren fanden wir es dort, wo es stand. "—
Und vor vierzig Jahren sagte das der alte Archibald.

„Ein Apfelbaum, der noch lebt, hat etwas gesehen, nehme ich an,
Was dort geschah und was kein Sterblicher weiß.
*   Jemand auf dem Berg hörte in der Ferne einen Meisterschrei:*
Und dann gab es ein Licht, das den Menschen den Weg zeigte, den sie
suchen sollten.

„Wir fanden es am Morgen mit einer Eisenstange dahinter,
Und es waren Ketten darum herum; Aber keine Suche konnte jemals
finden,
Entweder in der Asche, die übrig geblieben ist, oder irgendwo anders,
Ein Zeichen dafür, wer oder was mit Stafford dort gewesen war.

„Stafford war wahrscheinlich ein Mann mit eigenen Ideen —
Obwohl mir die Art, die gerne alleine lebt, nie gefallen könnte;
Und als du ihn kennengelernt hast, hast du festgestellt, dass sein Blick
immer auf deine Schuhe gerichtet war,
Als hätten sie geredet, als er Sie nach den Neuigkeiten fragte.

„Das ist alles, mein Sohn. Sollte ich ein halbes Jahrhundert lang reden?
Ich würde die Wolke, die sich nie auflöst, nie von dort vertreiben.
Wir vergruben, was davon übrig war , auch die Stange und die Ketten;
Und nur für den Apfelbaum bleibt nichts übrig.

Vor vierzig Jahren hörte ich den alten Mann sagen:
„Das ist alles, mein Sohn. " — Und hier finde ich heute wieder den Ort,
Verlassen und nur von dem Baum erzählt, der am meisten weiß,
Und mit Goldrute überwuchert, als gäbe es kein Gespenst.

Hillcrest

(An Frau Edward MacDowell)
Kein Geräusch eines Sturms, der bebt
Alte Inselmauern mit älteren Meeren
Kommt hierher, wo jetzt der September macht
Eine Insel in einem Meer aus Bäumen.

Zwischen Sonnenlicht und Schatten
Ein Mann kann lernen, bis er es vergisst
Das Brüllen einer neu erschaffenen Welt,
Und all seine Ruinen und sein Bedauern;

Und wenn er sich hier noch erinnert
Schlechte Kämpfe, die er vielleicht gewonnen oder verloren hat, —
Wenn er von der Angst geplagt wird
Was ein anderer Kampf kosten könnte, —

Wenn, bestrebt, zu früh zu verwirren,
Was er mit dem, was sein könnte, gewusst hat,
Er liest einen verstimmten Planeten
Wegen seiner gestörten Harmonie —

Wenn er hier wagt, sich abzurollen
Sein Index der Adagios,
Und ihm wird Trost geschenkt
Die Menschheit mit dem, was sie weiß, —

Er kann durch Kontemplation lernen
Ein bisschen mehr als das, was er wusste,
Und sehen Sie sogar die Rückkehr großer Eichen
Zu Eicheln, aus denen sie wuchsen.

Er könnte, wenn er nur gut zuhört,
Durch die Dämmerung und die Stille hier,
Es wird gesagt, was es gibt, was niemand sagen darf
Zum ungeduldigen Ohr der Eitelkeit;

Und er wird es vielleicht nie wieder wagen
Sagen Sie, was ihn erwartet, oder seien Sie sicher
Was für ein sonnendurchflutetes Labyrinth aus Schmerz
Er darf nicht eintreten und es ertragen.

*Wer weiß, heute von gestern
nichts allzu Seltsames zu zählen:
Liebe entsteht aus dem, was die Zeit wegnimmt,
Bis der Tod selbst geringer ist als die Veränderung.*

*Wer sieht genug in seinem Zwang
Kann so weit gehen, wie Träume gegangen sind;
Wer wenig sieht, tut vielleicht weniger
    Was viele Blinde getan haben;*

*Wer sieht hier die Seele ungezüchtigt?
Triumphant hat keinen anderen Anblick
    Dann hat man ein Kind, das das Ganze sieht
Die Welt strahlt vor eigener Freude.*

*Weite Reisen und harte Wanderungen
Erwarte ihn in dessen grober Vermutung
Frieden verbirgt wie eine Maske alles
Das ist und ist aus seinen Augen;*

*Und all seine Weisheit ist unbegründet,
Oder wie ein Netz, das der Fehler webt
Auf luftigen Webstühlen, die einen Klang haben
Nicht lauter als fallende Blätter.*

Der alte King Cole

In Tilbury Town spielte Old King Cole
Ein weises Alter erwartet ,
Mit seiner Pfeife und seinem Kopf wünschend,
No Khans extravagantes Anwesen.
Keine Krone ärgerte seinen ehrlichen Kopf,
Es wurden keine Geiger drei gerufen oder benötigt;
Stattdessen für zwei katastrophale Erben
Machten mehr Musik als jemals zuvor.

Ohne sie, mit der er sein Leben verbrachte
War Harmonie ohne Makel,
Er nahm keine andere zur Frau,
Er seufzte auch nicht über irgendetwas, das er sah;
Und wenn er an seinen beiden Söhnen zweifelte,
Und Erben, Alexis und Evander,
Er hätte einmal genauso zweifelhaft sein können
Von Robert Burns und Alexander.

Alexis, in seiner frühen Jugend,
Begann zu stehlen – von Alt und Jung.
Ebenso Evander und die Wahrheit
Es war wie ein schlechter Geschmack auf seiner Zunge.
Geborene Diebe und Lügner, ihre Angelegenheit
Schien nur mit dem Bösen geteert zu sein –
Das unerträglichste Paar
Von Schurken, die jemals den Teufel bejubelt haben.

Die Welt ging weiter, ihr Ruhm ging weiter,
Und es ging weiter – immer schlimmer;
Bis, heiß angestachelt, ohne etwas getan zu haben,
Und jeder mit einem Fluch versehen ,
Die Freunde des alten King Cole, zu zweit,
Und Vierer und Siebener und Elfer,
Ausgesprochene unveränderliche Ansichten
Von Taten, die nicht vom Himmel stammten .

Und wieder gelernt zu haben, wodurch
Ihr unheilvoller Eifer war entstanden,
King Cole begegnete vielen zornigen Augen
So freundlich, dass sein Zorn erlosch –
Oder teilweise raus. Sagen Sie, was sie würden,

Er schien umso mehr um ihre Offenheit zu werben;
Aber nie gesagt, was für eine gute Sache
War in Alexis und Evander.

Und Old King Cole, mit so manchem Zug
Das verherrlichte seine Urbanität,
Würde rauchen, bis er genug geraucht hatte,
Und höre ganz aufmerksam zu.
Er strahlte wie ein inneres Licht
Darin lag die Zusicherung des Herrn;
Und einmal war ein Mann die ganze Nacht da,
Jede Minute etwas erwarten.

Aber ob aus zu wenig Nachdenken,
Oder zu viel Treue zur Schüssel,
Eine schwache Belohnung war alles, was er bekam
Dafür, dass du mit dem alten King Cole aufgehört hast.
„Obwohl meins", überlegte der Vater laut,
„Sind nicht die Söhne, die ich gewählt hätte,
Soll ich, weniger böse ausgestattet,
Durch ihr Gebrechen eingefroren werden?

„Sie werden ein schlechtes Ende haben, da stimme ich zu,
Aber ich wurde nie zum Stöhnen geboren;
Denn ich kann sehen, was ich sehen kann,
Und dementsprechend bin ich allein.
Mit offenem Herzen und offener Tür,
Ich liebe meine Freunde, ich mag meine Nachbarn;
Aber wenn ich versuche, dir mehr zu erzählen,
Deine Zweifel werden meine Mühen übertreffen.

„Diese Pfeife würde mich niemals beruhigen,
Diese Schüssel würde meine Trauer niemals ertränken.
Für Trauer wie meine gibt es keinen Balsam
In Gilead oder in Tilbury Town.
Und wenn ich sehe, was ich sehen kann,
Ich kenne keine Möglichkeit, es zu blenden;
Auch nicht mehr, wenn überhaupt
Damit du es finden kannst, indem du es tastest oder fliegst.

„Möglicherweise gibt es noch Raum für den Untergang,
Und Asche für eine verschwendete Liebe;
Oder wie einer, den du vielleicht vergisst,

Vielleicht habe ich Fleisch, von dem Sie nichts wissen.
Und wenn ich lieber leben würde, als zu weinen
Finden Sie das inzwischen überraschend?
Gott sei Dank, der Mann schläft!
Das ist gut. Die Sonne wird bald aufgehen.

Ben Jonson unterhält einen Mann aus Stratford

Dann bist du ein Freund, wie ich es herausgefunden habe,
Von unserem Mann Shakespeare, der der einzige von uns ist
Wird einen Eselskopf ins Märchenland stecken
Als würde er einen Schilling zu mehr Schilling hinzufügen,
Alles höchst harmonisch — und aus seinem
Wunderbare unantastbare Steigerung
Füllt Ilion, Rom oder jede beliebige Stadt
Aus alter Zeit mit zeitlosen Engländern;
Und ich muss mich fragen, was Sie von ihm halten —
Alles, was Sie da unten haben, wo Ihr kleiner Avon fließt
Von Stratford, und wo Sie Stadtrat sind.
Einige würden ihn vermutlich zurückreiten lassen
Dort Hufschmied oder Färber zu sein;
Oder vielleicht einer Ihrer erfahrenen Vermesser;
Oder besser gesagt, der Zauberer aller Gerber.
Nicht du — keine Angst davor; denn ich erkenne
In dir ein Anzünden der Flamme, die rettet —
Das flinke Element, das wahre Phlogiston;
Ich sehe es und es wurde mir darüber hinaus gesagt,
Von unserem diskriminierten Freund selbst, keinem anderen.
Wärst du einer der traurigen Durchschnitte gewesen ,
Wie er es wollte — das heißt, wie ich es verstehe,
Die Sehne und das Lösungsmittel unserer Insel,
Terpander würden Sie kein Bier kaufen
Anerkannter und geschätzter Freund Ben Jonson;
Er würde es niemals als Teil von ihm aufdrängen
Kontingente Unterhaltung eines Stadtbewohners
Während er zu den Proben geht, wie es sein muss,
Ob er jemals der Herzog von Stratford sein wird.
Und meine Worte sind kein Schatten auf deiner Stadt —
Weit davon entfernt; denn eine Stadt ist wie eine andere
Denn alle sind anders als London. Oh, er weiß es, —
Und da ist der Stratford in ihm; er bestreitet es,
Und da ist der Shakespeare in ihm. Also, Gott steh ihm bei!
Ich sage ihm, dass er Griechisch braucht; aber auch nicht Gott
Auch Griechisch wird ihm nicht helfen. Nichts wird diesem Mann helfen.
Sie sehen, das Schicksal hat ihm so viel gegeben,
Er muss alles haben oder umkommen — oder aufpassen
Von London, wo er zu viele Herren sieht;
Sie sind Teil dessen, was ihn quält: Ich nehme an
Unter den Dämonen gibt es nichts Schlimmeres

Als das, was er fühlt, wenn er sich erinnert
Der Staub und der Schweiß und die Salbe seiner Berufung
Seine Herren schauten zu und lachten ihn aus.
König wie er ist, er kann de facto nicht König sein,
Und das auch, weil es ihm nicht gefallen würde;
Dann würde er eine niedrigere Bewertung von Männern vornehmen
Als er jetzt hat; und danach würde kommen
Eine Abdankung oder ein Schlaganfall.
Er kann nicht König sein, nicht einmal König von Stratford, –
Obwohl die halbe Welt, wenn nicht die ganze Welt,
Möge ihn mit einer Krone krönen, die keinem König würdig ist
Rette Lord Apollos heimwehkranken Abgesandten:
Nicht auf Avon oder in irgendeinem Stream
Wo Najaden und ihre weißen Arme nicht mehr sind,
Wird er wieder zu Hause finden? Es ist alles zu schade.
Aber es gibt einen Trost, denn er wird dieses Haus haben –
Das Beste, was Sie je gesehen haben; und er wird da sein
Anon, da Sie ein Stadtrat sind. Guter Gott!
Er lässt mich nachts wach liegen und lachen.
Und du kennst ihn seit seiner Herkunft,
Du sagst es mir; und ein höchst ungewöhnlicher Bengel
Er muss bei den wenigen Sehenden gewesen sein –
Ein wenig erschreckend, wage ich zu behaupten,
Eine Welt mit den Augen seines Mannes entdecken,
So wie ein anderer Junge vielleicht ein paar Finken sieht,
Wenn er genau hinsah und ein Auge für die Natur hatte.
Aber dieser hatte seine Augen und ihre Vorhersage,
Und er hatte mit dir zu kämpfen, und was sonst?
Er muss einen Vater und eine Mutter gehabt haben –
Tatsächlich habe ich ihn das sagen hören – und ein Hund,
Wie es sich für einen Jungen gehört, wage ich; und der Hund,
Höchstwahrscheinlich war er der einzige Mann, der ihn kannte.
Soweit ich weiß, ist ein Hund das, was er braucht
So viel wie alles hier heute,
Um ihn über seine Desillusionen zu beraten,
Alte Schmerzen und Geburten dessen, was kommt, –
Ein Ordenshund, ein Emeritierter,
Mit dem Schwanz wedeln, wenn er nach Hause kommt,
Und dann die Pfoten auf die Knie legen
Und sagen Sie: „Um Gottes willen, worum geht es?"

Ich weiß nicht, ob er einen Hund braucht oder nicht –
Oder was er braucht. Ich sage ihm, dass er Griechisch braucht;

Ich werde mit ihm über Regeln und Aristoteles reden,
Und wenn seine Zunge zu Hause ist, wird er dazu sagen:
„Ich habe Ihr Wort, dass Aristoteles weiß,
Und du meinst, dass ich Aristoteles nicht kenne.
Er ist im Widerspruch zu allen Einheiten,
Und was noch schlimmer ist, es scheint keine Rolle zu spielen;
Er schreitet durch die alte Wildnis der Zeit
Als ob der Landstreicher aller Jahrhunderte
Hatte keine Straßen hinterlassen – und es gibt keine für ihn;
Er sieht sie nicht, nicht einmal mit diesen Augen –
Und das ist schade, oder ich sage es.
    Dementsprechend haben wir ihn, wie wir ihn haben –
Seinen Weg gehen, den Weg, den er am besten geht,
Ein angenehmes Tier ohne großen Lärm
Oder irgendetwas Unsinn, der ihn verärgern könnte –
Retten Sie nur Taucher und böse Teufel
Habe in letzter Zeit sein Herz zu ihrem Wohnort gemacht.
Eine Flamme, die manchmal halb bereit ist, herauszufliegen
Bei etwas Ärger kann es in ihm aufgefacht werden,
Aber bald fällt es, und wenn es fällt, erlischt es;
Er weiß, wie wenig Platz dort drin ist
Für grobe und vergebliche Feindseligkeiten,
Und wie viel für die Freude, ganz zu sein,
Und wie viel für langen Kummer und alten Schmerz.
Auf unserer Seite gibt es einige, die gegeben werden können
Als wir alt werden, fragen wir uns, was er von uns hält
Und einige über uns, die in seinen Augen
Über sich selbst – und das ist völlig richtig und englisch.
Doch hier lächeln wir oder enttäuschen die Götter
Wer hat es so gemacht: Die Götter haben immer Augen
Männer kratzen zu sehen; und sie sehen einen hier unten
Wer juckt, bis auf die Knochen zerbissen,
Obwohl er es selbst weiß – ja, ja, er weiß es –
Der Herr von mehr als England und von mehr
    Als alle Meere Englands zu allen Zeiten
Werde jemals waschen. Wundert es dich , dass ich lache?
Er sieht mich, und es scheint ihm egal zu sein;
Und warum zum Teufel sollte er? Ich kann es dir nicht sagen.

Ich werde ihn an einem strahlenden Sonntag allein treffen,
Schlank, eher gepflegt und ein wahrer Gentleman.
„Was für eine Hommage, Mylord!“ sage ich. Er hört mich nicht;
Deshalb muss ich innehalten und ihn ansehen.

Er ist nicht riesig, aber man sieht ihn an.
Ein bisschen auf der Runde, wenn Sie darauf bestehen,
Im Moment, Gott schütze das Ziel, wird er alt;
Er ist fünfundvierzig und will ihn reden hören
Heutzutage würde man ihn als achtzig bezeichnen; dann würdest du hinzufügen
Bis dahin noch Jahre. Er ist alt genug dafür
Der Vater einer Welt, und das ist er auch.
„Ben, du bist ein Gelehrter, wie spät ist es?“
Sagt er; und da strahlt es wieder aus ihm heraus
Ein gealtertes Licht, das weder Alter noch Stand hat –
Das Geheimnis, das ihm gehört – ein schelmisches
Halb verrückte Gelassenheit, die über Ruhm lacht
Dafür, dass man so leicht gewonnen hat, und zwar bei Freunden
Wer lacht ihn aus für das, was er am meisten will,
Und für sein Herzogtum unten in Warwickshire; –
Wie Sie sehen, sind wir alle ein wenig neidisch....
Armer Greene! Ich fürchte die Farbe seines Namens
War genauso wie das seiner aufsteigenden Seele;
Und er war einer, wo es viele andere gibt , –
Einige schimpfen bis zum Ende gegen ihr Schicksal,
Ihre Puppen, ganz in Tinte und alle, um dort zu sterben;
Und einige mit Händen, die einst ein Auge beschatteten
Das hat Euripides und Aischylos gescannt
Ich werde zu diesem Zeitpunkt nach einem Topfwischer greifen
Um ihr erstes und letztes Honorar einzustreichen.
Arme Teufel! und sie alle spielen ihm in die Hände;
Denn so war es in Athen und im alten Rom.
Aber das ist weder hier noch da; Ich bin abgewandert.
Greene macht es, oder ich bin vorsichtig. Wo ist dieser Junge?

Ja, er wird nach Stratford zurückkehren. Und wir werden ihn vermissen?
Sehr geehrter Herr, ohne ihn wird es hier kein London geben.
Wir werden alle eines dieser schönen Tage reiten,
Da unten, um ihn zu sehen – und seine Frau wird uns nicht mögen;
Und dann werden wir darüber nachdenken, was er nie gesagt hat
Von Frauen – was, wenn man alles in allem betrachtet
Mit dem, was er gesagt hat, würde ich viele Pferde kaufen.
Obwohl er heutzutage nicht mehr so sehr auf Frauen steht:
„ So wenige davon“, sagt er, „sind es wert, erraten zu werden. “
Aber es ist Arbeit am Werk, wenn er das sagt:
Und während er es sagt, liegt einem das Gefühl in der Luft
Eine Menge umherschweifender Hokuspokus.

Sie ließen ihn tanzen, bis seine Zehen zart waren,
sie jetzt spüren , wenn es kühl regnet.
Es gibt keinen langen Schrei, darauf einzugehen,
Allerdings wissen wir nicht viel darüber.
Die Fitton-Sache war meiner Meinung nach das Schlimmste;
Und Sie in Stratford, wie die meisten hier in London,
Haben Sie jetzt mehr in den „Sonetten", als Sie bezahlt haben;
Er hat sie mit all ihrem Gift dort hingelegt,
Aus einem Schatten eine singende Fiktion machen
Das ist in seinem Leben eine Tatsache und wird es immer sein.
Aber sie kümmert sich nicht um uns, obwohl die Zeit, fürchte ich,
Wird eine lautere Atmosphäre haben
Über sie als über eine andere
Wer scheint ihn verführt, geheiratet zu haben,
Und schickte ihn huschend auf den Weg nach London, —
Da bereits viel gelernt wurde und noch mehr zu lernen ist,
Und weitere folgen. Herr! wie ich ihn jetzt sehe,
Vorgeben, vielleicht versuchen, so zu sein wie wir.
Was auch immer er gemeint haben mag, wir hatten ihn nie;
Er hat uns im Stich gelassen oder ist entkommen oder was auch immer
Sie wollen —
Und da war das an ihm (Gott weiß was, —
Wir hätten einem anderen die Haut abgezogen, wenn er es bei uns
versucht hätte)
Das hat dazu geführt, dass so viele von uns einen Verstand hatten
    Er mag alle seine einfachen Distanzen mehr
      Als der Lärm und das Klatschen der anderen.
Aber glauben Sie nicht, mein Freund, er würde nie reden!
Sprechen? Er war ein Zauberer darin; und wir hörten zu —
Dadurch erwerben wir viel, was wir vorher wussten
Über uns selbst und bisher gehalten
Irrelevant oder für den Zweck nicht geeignet.
Und es gab natürlich einige, und es gibt sie auch jetzt,
Ungeordnet und verblüfft reduziert
Zum Rücktritt durch das mystische Siegel
Die Götter hatten junge Endgültigkeit gelegt
Auf alles, was ihn zu einem jungen Dämon machte;
Und ein oder zwei Schüsse schauen ihn schon an
Da er ihr Henker gewesen war;
Und ein- oder zweimal war er, ohne es zu wissen, —
Oder wissend, dass der arme Ton leid tut
Und er sagte nichts... Doch trotz all seiner Motoren,
Nachmittag trifft man tausende

Die stolzieren und sich sonnen und sich umsehen
Eine Welt, die aus mehr besteht, die einen Grund hat
    Als seines, das schwöre ich, sieht er heute hier;
Obwohl er einem Narren wohl kaum einen Ausweg geben kann
Aber wir markieren, wie er in allem sieht
Ein Gesetz, das, wenn wir es einmal zu oft missachten,
Bringt Feuer und Eisen auf unsere nackten Köpfe.
Für mich sieht es so aus, als ob die Macht, die ihn geschaffen hat,
Aus Angst davor, alles einem Geschöpf zu geben,
Ich habe das Erste weggelassen : Glaube, Unschuld, Illusion,
Was auch immer es ist, das uns aus dem Chaos heraushält , –
Und dadurch, für seine zu verzehrende Vision,
Machte ihn über die Natur hinaus; obwohl um ihn zu sehen,
Man würde nie ahnen, was in ihm vorgeht.
Eines Tages wird er ausbrechen wie ein Fass Bier
Mit zu viel unabhängiger Raserei darin;
Und das alles, um etwas einzulagern, von dem er weiß, dass es nicht haltbar ist,
Und was er am besten vergessen würde – was er aber nicht kann.
Du wirst es haben, und zwar mehr, als ich vorhersage;
Und im Globe wird es so ein Getöse geben
Wie nie betäubten die blutenden Gladiatoren.
Er muss die Farbe seiner Haare ändern
Ein bisschen, vorerst nennt er es Kleopatra.
Für Kleopatra würden schwarze Haare niemals genügen.

Aber du und ich sind noch keine zwei alten Frauen,
Und Sie sind ein Mann von Amts wegen. Was er macht
Ist für dich mehr als die Art und Weise, wie er es tut , –
Und das hat Gott, der Herr, ihm nie gesagt.
Sie arbeiten zusammen und der Teufel hilft ihnen ;
Sie machen es morgens, oder wenn nicht,
Sie machen es eine Nacht lang; in welchem Fall
Er ist morgens launisch. Er scheint alt zu sein;
Er hat weder den richtigen Magen noch den richtigen Schlaf –
Und sie sind zwei Sovran-Agenten, die ihn retten sollen
Gegen die feurige Kunst, die keine Gnade kennt
Aber was ist in diesem erstaunlichen, großartigen neuen Haus?
Ich nehme an, dass in seiner Kindheit etwas passiert ist
Erfüllte ihn mit der Entschlossenheit eines Jungen
Um ganz Stratford auf ihn aufmerksam zu machen. Gut gut,
Ich hoffe, dass er endlich seine Freude daran hat,
Und all seine Schweine und Schafe und brüllenden Rinder,

Und Frösche und Eulen und Einhörner außerdem,
Seien Sie für die Ohren seiner Begleiter nicht die Hölle.
Oh, ohne jeden Zweifel werden wir alle hingehen, um ihn zu sehen.

Er könnte weise sein. Da London zwei Tage frei hat,
Dort unten könnte ihn noch ein Wind des Himmels wiederbeleben;
Aber es gibt nirgendwo einen schnelleren Atem
Soll aus ihm wieder den ausgeglichenen jungen Faun machen
Aus Warwickshire, der es anscheinend schon geschafft hatte
Eine Legende von sich selbst, bevor ich kam
Um vor dem letzten seiner ersten Blitze zu blinzeln.
Was auch immer es sein mag, davon wird es nichts mehr geben;
Das Kommen seiner alten Monsterzeit
Hat ihn zu einem stillen Mann gemacht; und er hat Träume
Es war fair, einmal darüber nachzudenken, und alles wurde für hohl
befunden.
Er weiß, wie viel von dem, was Männer malen, selbst ist
Würde angesichts dessen, was sie sind, Blasen bilden;
Er sieht, wie viel von dem, was großartig war, jetzt geteilt wird
Eine verwandelte und gewöhnliche Eminenz;
Er weiß zu viel darüber, was die Welt vertuscht hat
In anderen, jetzt für sich selbst laut zu sein;
Er weiß nun, in welcher Höhe sich Feinde befinden
Kann sein Herz erreichen, und hohe Freunde lassen ihn fallen;
Aber was nicht einmal solche wissen, die er vielleicht weiß
Plagen ihn am schlimmsten: Seine Lerche könnte singen
An der Himmelspforte, wie er will, und für so lange
Wie Freude zuhören mag; aber ER sieht kein Tor,
Bewahren Sie einen auf, wobei der verbrauchte Ton noch ein wenig wartet
Bevor der Kirchhof es und den Wurm hat.
Vor nicht allzu langer Zeit, am späten Nachmittag,
Ich bin ihm ungesehen auf dem Lambeth-Weg begegnet,
Und in meinem Leben hatte ich Angst vor ihm:
Er blickte düster und murmelte wie eine Seele aus Tophet,
Seine Hände hinter sich und sein Kopf feierlich gesenkt.
„Was ist jetzt“, sagte ich, „eine andere Frau?“
Das löste in ihm Mitleid mit mir aus, und er lächelte.
„Nein, Ben“, überlegte er; „Es ist nichts. Es ist alles nichts.“
Wir kommen, wir gehen; und wenn wir fertig sind, sind wir fertig;
Spinnen und Fliegen — wir sind meistens das eine oder das andere —
Wir kommen, wir gehen; und wenn wir fertig sind, sind wir fertig.
„Bei Gott, du singst dieses Lied, als ob du es wüsstest!“
Sagte ich, um ihn aufzuheitern; „Was fehlt dir?“

„Ich glaube, ich muss hierher gekommen sein, um nachzudenken. "
Sagt er das und zieht an seinem kleinen Bart;
„Deine Fliege wird genauso gut dienen wie jeder andere,
Und wie spät ist seine Stunde? Er fliegt und fliegt und fliegt,
Und in seinem Kopf hat die Fliege ein mutiges Aussehen;
Und dann fängt ihn deine Spinne in ihrem Netz,
Und frisst ihn auf und hängt ihn zum Trocknen auf.
Das ist die Natur, die gütige Mutter von uns allen.
Und dann schwingt dein schlampiges Hausmädchen ihren Besen,
Und wo ist deine Spinne? Und das ist auch die Natur.
Es ist Natur und es ist Nichts. Es ist alles Nichts.
Es ist alles eine Welt voller Käfer und Kaiser
Gehen Sie einzeln zurück zum gleichen Staub,
Jeder zu seiner Zeit; und die alten, geordneten Sterne
Das hat zusammen gesungen, Ben, wird das Gleiche singen
Morgen alte Daube.

Wenn er so redet,
Für einen Menschen gibt es nichts zu tun
Aber führe ihn zu einem dankbaren Winkel wie diesem
Wo wir jetzt sind und um ihn zum Trinken zu bringen.
Er wird aus Liebe zu mir trinken und dann krank werden;
Ein trauriges Zeichen immer in einem Mann mit viel Verstand,
Und immer sehr bedrohlich. Der große
Sollte an Alkohol ebenso groß sein wie an Liebe, —
Und unser großer Freund ist auch darin nicht so groß:
Das eine enttäuscht ihn, das andere lässt ihn im Stich;
        Was auch immer er trinkt, das hat einen Witz in sich,
Er fragt sich, was es in seinem Inneren zu bezahlen gibt;
Und während seine Augen auf den Cyprian gerichtet sind
Er fummelt die ganze Zeit mit diesem verdammten Haus herum.
Wir lachen hier über seine Sparsamkeit, aber immerhin
Vielleicht rettet ihn Sparsamkeit vor dem Teufel;
Gott hat es jedenfalls gegeben — und wir werden es annehmen
Er kannte die Zusammensetzung seines Werkes.
Heute sind die Wolken bei ihm, aber anon
Er wird so weit aus ihnen herauskommen , dass der Baum erschüttert
wird
Vom Leben selbst und bringen unerhörte Früchte hervor , —
Und das Zerschlagene und Ganze zusammenwerfend,
Bereite einen Wein zu, der uns vor Staunen betrunken macht;
Und wenn er lebt , wird es einen Sonnenuntergangszauber geben
Über ihn geworfen wie über einen verglasten See

Das gestern war alles ein schwarzes, wildes Wasser.

    Gott schicke ihn lebendig, um uns, wenn nicht mehr, zu geben,
Was jetzt in ihm tobt und ausstellt,
Mit einer ordentlichen Halbtreue gegenüber der Zeit
Ein Ernst von zumindest einem flüchtigen Blick
Einmal darüber nachgedacht, was er Gutenberg schuldet,
Und zur Treue weiterer Jahrhunderte
    Dann sind noch ein Bild in unserer Vision.
„Es ist genug Zeit – ich werde es tun, wenn ich alt bin,
Und wir sind unsterbliche Männer", sagt er dazu;
Und dann sagt er zu mir: „Ben, was ist ‚unsterblich'?
Denke, du durch irgendeine Ordinationskraft
Es kann sein, dass es um nichts lauter ist
    Als eine kleine Vergessenheit der Aschebestandteile
Das einer traumsüchtigen Welt war einst
Ein sich bewegendes Atom, ähnlich wie dein Freund hier?"
Nichts wird diesem Mann helfen. Um ihn zum Lachen zu bringen,
Ich sagte damals, er sei ein verrückter Trottel, –
Und beim Herrn brachte ich ihn näher zum Weinen.
Ich hätte dann auf meinen Knien einen Schluck essen können ,
Schwanz, Krallen und alles von ihm; denn ich hatte gestochen
Der König der Menschen, der keinen Stachel für mich hatte,
Und ich hatte ihn in seinen Erinnerungen verletzt;
Und ich sage jetzt, wie ich es noch einmal sagen werde:
Ich liebe den Mann auf dieser Seite des Götzendienstes.

Er werde es tun, wenn er alt sei, sagt er. Ich wundere mich.
Er ist vielleicht gar nicht so alt.
Für jemanden wie ihn ist das, was zu tun ist
Wird sich von selbst erledigen – aber es gibt eine Abrechnung;
Die Sitzungen, die jetzt zu sehr seine eigenen sind,
Das aufgewühlte Innere eines stillen Äußeren,
Das Aufwirbeln all dieser Blutlinien,
Die Nächte voller Pläne und wenig Schlaf,
Das ganze Gehirn hämmerte heiß vor zu viel Nachdenken,
Das verärgerte Herz, übermüdet von zu viel Schmerz, –
Dieses langweilige Geschwätz miteinander verbundener Angelegenheiten
Hergestellt aus Elementen, die kein Ende haben,
Und alle auf einmal verwirrt, ich verstehe,
Es ist nicht das, was einen Menschen dazu bringt, ewig zu leben.
O nein, nicht jetzt! Er wird jetzt nicht gehen:
Es wird noch Zeit sein für Gott weiß was für Explosionen

Bevor er geht. Er wird eine Weile bleiben. Warte einfach:
Warte einfach ein oder zwei Jahre auf Kleopatra,
Denn sie soll Balsam und Trost sein;
Und das ist jetzt auch nicht alles nur ein Scherz von mir.
Selbstverständlich einmal die alte Art von Apollo
Singt ein Mann, kann er dann, wenn er dazu in der Lage ist,
Schlage furchtlos an, welche Saiten er auch immer will
Auf der letzten und wildesten neuen Leier;
Auch nicht aus seiner neuen Magie, obwohl es eine Hymne ist
Die Schreie der Hölle im Kerker wird er erschaffen
Ein Wahnsinn oder eine Düsternis, die man ganz ausschließen muss
Ein klirrendes Tageslicht und eine letzte große Ruhe
Triumphierend über Schiffbruch und alle Stürme.
Er hätte Aristoteles eine Gänsehaut bereiten können,
Aber es hätte ihm sicherlich seine „Katharsis" gegeben.

Er wird noch nicht gehen. Es ist noch zu viel
Unbesungen im Inneren des Mannes. Aber wenn er geht,
Ich würde die Münze des Reiches zu seiner einzigen Sorge machen
Für eine Phantomwelt klang er und fand es mangelhaft
Wird ein Teil hier sein, ein Teil dort,
Von diesem oder jenem Ding oder etwas anderem
Das hat ein Patent und ist intrinsisch
Äquivalenz in diesen ungeheuerlichen Schilling.
Und doch weiß er: Gott helfe ihm! Sag es mir jetzt,
Wenn jemals etwas losgelassen wurde
Bisher auf der Erde von Göttern oder Teufeln
Wie dieser verrückte, vorsichtige, stolze, gleichgültige Shakespeare!
Wo war es, wenn es jemals war? Beim Himmel,
    Es war noch nie in Rhodos oder Pergamon —
In Theben oder Ninive, so etwas!
    So etwas gab es nie außerhalb Englands;
Und das weiß er. Ich frage mich, ob es ihn interessiert.
Vielleicht tut er das... O Herr, dieses Haus in Stratford!

Eros Turannos

Sie hat Angst vor ihm und wird ihn immer fragen
Was hat sie dazu bewogen, sich für ihn zu entscheiden?
Sie begegnet ihm in seiner bezaubernden Maske
Alle Gründe, ihn abzulehnen;
Aber was sie trifft und was sie fürchtet
Sind weniger als die Abwärtsjahre,
Langsam zu den schaumlosen Wehren gezogen
Volljährig, wenn sie ihn verlieren würde.

Zwischen einer verschwommenen Scharfsinnigkeit
Das hatte einst die Macht, ihn zum Klingen zu bringen,
Und die Liebe lässt ihn nicht in Ruhe
Der Judas, den sie ihn gefunden hat,
Ihr Stolz beruhigt sie fast,
Als wären es nur die Kosten.——
Er sieht, dass er nicht verloren gehen wird,
Und wartet und schaut sich um.

Ein Gefühl von Meer und alten Bäumen
Umhüllt und verführt ihn;
Tradition, die alles berührt, was er sieht,
Verführt und beruhigt ihn;
Und all ihre Zweifel an dem, was er sagt
Sind getrübt von dem, was sie von Tagen weiß —
Bis es zu Verzögerungen kommt
Und verblasst, und sie sichert ihn.

Das fallende Blatt eröffnet
Die Herrschaft ihrer Verwirrung;
Die stampfende Welle hallt wider
Das Klagelied ihrer Illusion;
Und Zuhause, wo Leidenschaft lebte und starb,
Wird zu einem Ort, an dem sie sich verstecken kann,
Während die ganze Stadt und Hafenseite
Schwinge mit ihrer Abgeschiedenheit.

Wir sagen es dir und klopfen uns auf die Stirn:
Die Geschichte, wie sie sein sollte, —
Als ob die Geschichte eines Hauses
Wurden erzählt oder könnten es jemals sein;
Wir werden keinen freundlichen Schleier dazwischen haben

Ihre Visionen und die, die wir gesehen haben, —
Als ob wir erraten hätten, was ihres war,
Oder was sie sind oder sein würden.

In der Zwischenzeit richten wir keinen Schaden an; für Sie
Dass mit einem Gott gekämpft hat,
Ich höre nicht viel von dem, was wir sagen,
Nimm, was der Gott gegeben hat;
Obwohl es wie Wellen sein mag, die es brechen,
Oder wie ein veränderter vertrauter Baum,
Oder wie eine Treppe zum Meer
Wohin unten die Jalousien gefahren werden .

Alte Wege

(Washington Square)
Ich traf ihn, wie man ein oder zwei Geister trifft,
Zwischen dem grauen Bogen und dem alten Hotel.
„König Salomo hatte recht, es gibt nichts Neues"
Sagte er. „Seht eine Ruine, die es gut meinte."

Er führte mich wieder die bekannten Stufen hinunter,
Ansprechend und setzte mich auf einen Stuhl.
„Meine Träume sind für andere Männer alle wahr geworden"
Sagte er; „Gott lebt jedoch, und warum sollte es ihn interessieren?

„Eine Stunde unter den Geistern schadet nicht."
Er lachte und etwas Fröhliches stieg in mir auf.
Vielleicht habe ich ihn mit einem leichten Alarm beäugt,
Im Moment verlor sich sein Lachen in dem, was er trank.

„Sie kühlen die Dinge hier mit Eis aus der Hölle", sagte er;
„Ich hätte es wissen können." Und er verzog das Gesicht
Das zeigte erneut, wie viel von ihm tot war,
Und wie viel war lebendig und fehl am Platz,

Und außer Reichweite. Er wusste es genauso gut wie ich
Das sind alles Worte kluger Männer, die geschickt sind
Bei der Verwendung gibt es nicht viel zu beanstanden
Was kommt, wenn die Erinnerung auf das Unerfüllte trifft.

Was für eine böse und schwache Perversität
Hatte er mit ihm zusammengearbeitet, um ihn zurückzubringen?
Sicherlich niemals unter den Geistern,
Würde er einen neuen Angriff starten?

Niemals unter den Geistern oder irgendwo anders,
Bis das, was von ihm gestorben war, weggeräumt wurde,
Würde er seinen beleidigten Anteil erreichen?
Von großer Ehre unter anderen seiner Zeit.

„Du denkst wie eine Eule", sagte er schließlich;
„Das hast du immer getan, und hier hast du einen Grund.
Denn ich bin eine Bestätigung der Vergangenheit,
Eine Rache und ein Aufblühen dessen, was war.

„Entschuldigung? Natürlich tust du das, auch wenn du komprimierst,
Selbst mit deinen undurchdringlichsten Ängsten,
Ein ruhiges und richtiges Bewusstsein
Von besorgten Engeln wegen meiner Zahlungsrückstände.

„Ich sehe sie in einem Buch gegen mich
So groß wie die Hoffnung, in Tinte, die bei Nacht leuchtet.
Sicher verstehe ich; aber jetzt schaue ich lieber
Auf dich, und du bist kein angenehmer Anblick.

„Nachsicht, verzeihen. Zehn Jahre liegen auf meiner Seele,
Und auf meinem Gewissen. Ich habe einen Inkubus:
Mein einziger Unterschied und ein erbärmlicher Tribut
Zum Ruhm; aber die Hoffnung lebt lautstark weiter.

„ Es war Hoffnung, obwohl der Himmel, ich gebe dir zu, weiß wovon –
“
Die Art, die blinkt und sich erhebt, wenn sie fällt,
Ob es einen Grund dafür sieht oder nicht –
Das hörte die harten Sirenenrufe des Broadway;

„ Es war die Hoffnung, die mich durch die Dezemberstürme brachte,
Wieder an die Küste, wo ich nicht sein muss
Ein einsamer Mann mit nur fremden Würmern
Um ihn in seiner letzten Dunkelheit aufzuheitern.

„Aber was hat mich hierher gebracht?
Unter den Geistern zu sein, überlasse ich dir.
Ich danke Ihnen nicht weniger für eine klare Sache:
Obwohl Sie schweigen, ist es wahr, was Sie sagen.

„Vielleicht war der Teufel in meinen Füßen,
Denn ich bin gestolpert wie ein Flüchtling,
Um das alte Zimmer in der Eleventh Street zu finden.
Gott schütze uns! – Ich bin wieder hierher gekommen, um zu leben.

Daraufhin standen wir auf, und alle Geister erhoben sich,
Und folgte uns ungesehen in sein altes Zimmer.
Kein guter Ort mehr für lebende Männer
Wir fanden es und zitterten im Dunkeln.

Die Waren, die er dort mitnahm, waren gering,
Und bald befanden wir uns wieder draußen,

Wo jetzt die Lampen entlang der Allee sind
Blühte kilometerweit weiß über einem Eisenboden.

„Führen Sie mich jetzt zum neuesten Hotel. "
Er sagte: „Und lass deine Milz unverfälscht sein:
Diese Ruine bin nicht ich selbst, sondern jemand anderes;
Ich habe nicht versagt; Ich habe es einfach nicht geschafft. "

Ob er es wusste oder nicht, er lachte und aß
Mit einer eher immunologischen Rücksichtnahme
Von Gruben vor ihm und von Sand dahinter
   Als so manches Kind mit vierzig würde es gestehen;

Und danach, als die Glocken in „Boris" läuteten
Ihr Tumult im Metropolitan,
Er rockte sich selbst und ich glaube, er sang.
„Gott lebt", sang er laut, „und ich bin der Mann!"

Er war. Und obwohl die Kreatur verdorben ist
Alle Prophezeiungen, ich schätze seinen Beifall.
Drei Wochen lang gemästete er; und fünf Jahre lang schuftete er
In Yonkers – und schlenderte dann in den Ruhm.

Und er kann jetzt auf die Straßen gehen, die er will –
Elfter oder letzter, und wenig Sorge;
Aber er würde das alte Zimmer sehr still vorfinden
Von Abenden, und die Geister wären alle da.

Ich bezweifle, dass er ihnen nachgeht; ich bezweifle
Wenn viele von ihnen jemals zu ihm kommen.
Seine Erinnerungen sind wie Lampen, und sie erlöschen;
Oder wenn sie brennen, flackern sie und sind dunkel.

Ein Licht anderer Schimmer hat er heute
Und Bewunderungen applaudierender Gastgeber;
Eine bekannte Gefahr, aber ein sichererer Weg
   Als allein unter den Geistern alt zu werden.

Aber wir können trotzdem froh sein, dass wir uns geirrt haben:
Er hat uns getäuscht, und wir würden schrumpfen, wenn wir es leugnen
würden;
Obwohl manchmal, wenn alte Echos zu lange klingen,
Ich wünschte, die Glocken in „Boris" wären ruhig.

Denen man nicht vergibt

Wenn er, der unverzeihlich ist,
Als er sie zuerst sah, fand er sie schön:
Im Himmel wurde nie ein Versprechen geträumt
Hätte ihn dann irgendwohin locken können
Das wäre von dort weg gewesen;
Und all sein Verstand hatte sich leicht angestrengt,
Vereitelt mit ihrer Stimme, ihren Augen und ihren Haaren.

Es gibt nichts in den Heiligen und Weisen
Um den Pfeilen zu begegnen, die ihre Blicke hatten,
Oder so, wie sie es schon seit Ewigkeiten hat
Einen Mann blenden, bis er froh ist,
Und demütige ihn, bis er verrückt wird.
Die Geschichte würde viele Seiten haben,
Und wäre weder gut noch schlecht.

Und wenn du ihm gefolgt bist, wirst du ihn finden
Wo eigentlich das Stück beginnt;
Aber achten Sie darauf, dass sich hinter ihm kein rotes Licht befindet –
Keine Dämpfe vielfarbiger Sünden,
Hochgefächert durch kreischende Geigen.
Gott weiß, wie gut es war, ihn zu blenden,
Oder ob Mann oder Frau gewinnt.

Und aus demselben ewigen Zeichen,
Wer weiß, wie alles enden wird?—
Dieses Drama harter, unausgesprochener Worte,
Diese Farce am Kamin, ohne einen Freund
Oder Feind zu verstehen
Was verheißt es, wenn zwei Leben zerbrochen sind,
Und die Angst findet nichts mehr, was sie reparieren könnte.

Er wartet vergebens auf das, was ihn erwartet,
Und sieht in der Liebe eine Münze zum Werfen;
Er lächelt und ihr kaltes Schweigen beschimpft ihn
Unter seiner harten Hälfte des Kreuzes;
Sie fragen sich, warum das jemals so war;
Und sie, die Unbarmherzige, hasst ihn
Mehr wegen ihres Mangels als wegen ihres Verlustes.

Er nährt seine Unentschlossenheit mit Stolz,

Und schreckt vor dem zurück, was nicht passieren wird,
Vererben mit schwachem Spott
Seine Asche für die Tage, die waren,
Bevor sie ihn gefangen nahm;
Und arbeitet daran, die Vision wiederzuerlangen
Das muss er einmal von ihr gehabt haben.

Er wartet, und dort wartet ein Ende,
Und er weiß weder was noch wann;
Aber es sind keine Zauberer anwesend
Damit er sieht, wie er damals sah,
Und er wird es nie wieder finden
Das Gesicht, das einst das Zerreißende gewesen war
Von all seinem Zweck unter den Menschen.

Er macht ihr keine Vorwürfe, noch tadelt er sie,
Und sie hat nichts Neues zu sagen;
Wenn er Blaubart wäre, könnte er sie verstecken,
Aber das steht nicht im Stück,
Und es wird heute keine Veränderung geben;
Obwohl für den gelassenen Außenstehenden
Es scheint immer noch einen Weg zu geben.

Theophilus

Bei welcher heiteren Böswilligkeit der Namen
Hattest du deine Gabe, Theophilus?
Nicht einmal ein beschmierter junger Zyklop bei seinen Spielen
Möchte dich lange haben – und du bist einer von uns.

Als ich von deinen Taten erzähle, schaudere ich vor deinen Träumen,
Und sie sind zweifellos wenige und unschuldig.
Inzwischen wundere ich mich; denn in dir scheint es,
Vererbung stellt die Umwelt in den Schatten.

Was für ein Rest von Belial, unvorhergesehen,
Überlebt und verstärkt sich in dir?
Was für eine Art Teufelei gab es jemals?
Dass deine Schrägheit es niemals tun wird?

Demut gebührt den Augen eines Vaters,
Aber kein Freund von uns würde ihn zum Weinen bringen.
Bewundere alles, was lebt und stirbt,
Theophilus, wir mögen es am liebsten, wenn du schläfst.

Schlaf Schlaf; und lasst uns einen anderen Mann finden
Um einen anderen, weniger gefährlichen Namen zu geben:
Caligula vielleicht, oder Caliban,
Oder Kain – aber sicherlich nicht Theophilus.

Veteranen-Sirenen

Dem Geist von Ninon würde es jetzt leid tun
Um über sie zu lachen, wenn sie sie hier sehen würde,
So mutig und so aufmerksam darauf, zu lernen, wie
Ein weiteres Jahr mit Vernunft zu zäunen.

Das Alter bietet ein weitaus schöneres Diadem
*   Als ihres; aber die Angst hat kein Auge für die Gnade,*
Wenn die böswillige Gnade der Zeit sie warnt
Eine Weile über Zahl und Raum nachdenken.

Die brennende Hoffnung, die abgenutzte Erwartung,
Der Märtyrer-Humor und die verstümmelte Anziehungskraft,
Schreie nach Zeit, um seiner Leichtfertigkeit ein Ende zu setzen,
Und das Alter, um seine Investitur zu mildern;

Aber sie, obwohl andere verblassen und immer noch fair sind,
Sie widersetzen sich ihrer Gerechtigkeit und sind unbeugsam;
Obwohl sie leiden, dürfen sie nicht aufgeben
Der geduldige Eifer des Unverfolgten.

Armes Fleisch, so lange gegen den Kalender zu kämpfen;
Arme Eitelkeit, so urig und doch so mutig;
Arme Torheit, so getäuscht und doch so stark,
So weit weg von Ninon und so nah am Grab.

Belagerung gefährlich

Lange wurde vor vielen schlimmeren Schrecken gewarnt
Um ihn zu verbrennen, als die Motoren der Hölle erwecken könnten,
Er scannte noch einmal, zu weit, um so nah zu sein,
Der furchterregende Sitz, den noch nie ein Mensch eingenommen hatte.

So viele andere Männer mit älteren Augen
    Als er mit älterer Sicht hinter sich zu sehen war
Hatte so lange gewusst, dass es nur einen Weg gibt, weise zu sein , –
Konnte man etwas anderes tun, als sich um sie zu kümmern?

So viele explosive Parallelen waren versengt worden
Verwirrung über seinen Glauben – konnte er sich nur wundern
Ob er verrückt war und Recht hatte oder ob er Angst hatte
Gottes Zorn in Flammen und Donner erzählt?

Eines Tages fiel ein Licht auf seine Augen
Ätherisch, und er hörte keine Männer mehr sprechen;
Er sah ihr Kopfschütteln, aber keine Fernsicht
Gehörte ihm, wenn nicht das Ziel, das er suchte.

Das Ende, das er suchte, war nicht das Ende; die Krone
Er hat gewonnen und wird vielen noch gegeben werden.
Darüber hinaus gab es hier Grund zum Stirnrunzeln:
Keine Wut donnerte, keine Flamme fiel vom Himmel.

Eine weitere dunkle Dame

Denken Sie nicht, denn ich frage mich, wohin Sie geflohen sind,
Dass ich eine Stecknadel heben würde, um dich dort zu sehen;
Für mich mag es sein, dass du überall umherstreifst,
Solange du deinen kleinen Kopf nicht zeigst:
Keine dunkle und böse Geschichte der Toten
Würde dich weniger schädlich oder weniger fair machen —
Nicht einmal Lilith mit ihren berühmten Haaren;
Und Lilith war der Teufel, habe ich gelesen.
Ich kann dich nicht hassen, denn ich habe dich damals geliebt.
Damals war der Wald golden. Es gab eine Straße
Durch Buchen; und ich sagte, ihre glatten Füße seien zu sehen
Wie das Ihre. Die Wahrheit muss mich aus der Ferne gehört haben,
Denn ich werde nie wieder lernen müssen
Dass deine Buche so gespalten ist wie keine andere Buche .

Die Stimme des Alters

Sie würde auf uns schauen, wenn sie könnte,
So hart, wie Rhadamanthus es tun würde;
Doch man kann sehen, wer ihr Gesicht sieht,
Ihre Krone aus Silber und Spitze,
Ihre mystische, heitere Ansprache
Volljährigkeit, verbunden mit Lieblichkeit, –
Dass sie nicht vernichten würde
Die zerbrechlichsten Dinge beleben.

Sie hat Meinungen über unsere Art,
Und wenn wir nicht alle verrückt sind, sagt sie:
Wenn unsere Wege nicht ganz schlimmer sind
Als andere, weil sie nicht ihr gehören, –
Irgendwie finden sich vielleicht ein paar
Weniger verrückte Dinge für uns,
Und vielleicht haben wir ein wenig Beachtung
Von dem, was Belsazar nicht lesen konnte.

Sie hat das Gefühl, mit all unseren Möbeln,
Noch Platz für etwas Sichereres
  Als unsere selbst entzündeten Aureolen
Um unsere armen vergessenen Seelen zu führen;
Aber wenn wir diese Gnade erklärt haben
Verweilt jetzt im Tun für das Rennen,
Sie nickt – als wäre sie erleichtert;
Fast so, als wäre sie getäuscht worden.

Sie runzelt bei vielem, was sie hört, die Stirn,
Und schüttelt den Kopf und hat ihre Ängste;
Auch wenn niemand zufällig weiß,
Was für eine Asche voller Romantik
Werden von späteren Tagen leicht gerührt
Das wäre gut genug, sagt sie,
Wenn die Menschen nur weiser wären ,
Und erwachsene Kinder benutzten ihre Augen.

Das dunkle Haus

Wo ein schwaches Licht allein scheint,
Wohnt ein Dämon, den ich kannte.
Die meisten von euch sollten es besser sagen
„Das dunkle Haus", und geh deinen Weg.
Wundere mich nicht, wenn ich bleibe.

Denn ich kenne die Augen des Dämons,
Und ihre Verlockung, die niemals vergeht.
Verbanne all deine liebevollen Alarme,
Denn ich kenne die Verhütungszauber
Von ihren Augen und ihren Armen,

Und das weiß ich in einem Raum
Eine Lampe brennt wie in einem Grab;
Und ich sehe den Schatten gleiten,
Hin und her, von einem abgelehnt
Die Kraft, sich draußen wiederzufinden.

Da ist er, mein Freund,
Verdammt, denkt er, bis zum Ende –
Besiegt, seit einer Tür
Für immer verschlossen, dachte er
Auf das Leben, das vorher war.

Und der Freund, der ihn am besten kennt
Sieht ihn, wie er den Rest sieht
Die danach streben, weise zu sein
Während die Arme und Augen eines Dämons
Halten Sie sie wie ein Spinnennetz.

Alle Worte der ganzen Welt,
Gemeinsam gezielt und dann geschleudert,
Würde in seinen Ohren stiller sein
    Als ein Schließen der Stillschere
An einem Faden aus Jahren.

Aber da lebt ein anderer Klang,
Fesselnder, tiefgründiger;
Es gibt eine Musik, so scheint es,
Das beruhigt und erlöst,
Mehr als Vernunft, mehr als Träume.

Es gibt eine Musik, die noch nie gehört wurde
Bei der Schöpfung des Wortes,
Obwohl es kaum mehr zählt
    Als ein Wellengang an einem Ufer –
Bis ein Dämon eine Tür schließt.

Also, wenn er ganz still ist
Mit seinem Dämon und einem Willen,
Das Murmeln darüber kann geblasen werden
An meinen Freund, der allein ist
In einem Raum, den ich kannte.

Danach von überall
Das singende Leben wird ihn dort finden;
Dann wird sich die Tür weit öffnen,
Und mein Freund, wieder draußen,
Wird leben, gestorben sein.

Die arme Beziehung

Nicht länger zerrissen von dem, was sie weiß
Und sieht in die Augen anderer,
Ihre Zweifel sind, wenn das Tageslicht untergeht,
Ihre Ängste gelten den wenigen, die sie stört.
Sie sagt ihnen, dass es völlig falsch ist
Von ihr, so lange am Leben zu bleiben;
Und wenn sie lächelt, zeigt sich ihre Stirn
Eine Falte, die ihrer Mutter gehört hatte.

Unter ihrer Schönheit, bleich vor Schmerz,
Und noch immer wehmütig darüber, betrogen worden zu sein,
Ein Kind scheint noch einmal zu fragen
Eine Frage, die oft wiederholt wurde;
Aber keine Rebellion hat verraten
Sie wundert sich darüber, was sie bezahlt hat
Für Erinnerungen, die keine Flecken haben,
Für Triumph geboren, um besiegt zu werden.

Für diejenigen, die wegen dem kommen, was sie war —
Die wenigen , die noch wissen, wo sie zu finden sind —
Sie klammert sich fest, denn sie sind alles, was sie hat;
Und sie lächelt vielleicht, wenn sie sie daran erinnern,
Wie bisher, von dem, was sie wissen
Von Rosen, die noch wehen müssen
Auf Wegen, wo nicht einmal Gras
Überreste von dem, was sie hinter sich sieht.

Sie bleiben eine Weile und haben es geschafft
Was Buße oder die Vergangenheit erfordert,
Sie gehen und lassen sie dort allein
Um ihre Schornsteine und Türme zu zählen.
Ihre Lippe zittert, wenn sie weggehen,
Und doch wollte sie nicht, dass sie blieben;
Sie weiß es so gut wie jeder andere
Dieses Mitleid ermüdet nach dem Spielen bald.

Aber ein Freund taucht immer wieder auf,
Ein guter Geist, den man nicht aufgeben darf;
Wobei sie lacht und keine Ängste hat
Was für ein Geist kann wieder erwachen,
Aber willkommen, während sie trägt und flickt

Die Kleinigkeiten des armen Verwandten,
Ihr Schulschwänzer aus einem Grab von Jahren –
Ihre Jugendkraft wurde so früh genommen.

Armes Lachen, schlanker als ihr Lied
Es scheint; und es gibt niemanden, der es hört
Selbst mit den verstopften Ohren der Starken
Für gebrochenes Herz oder gebrochenen Geist.
Die Freunde, die nach ihrem Platz verlangten,
Und hätte sie wegen ihres Gesichts gekratzt,
Habe ihr Lachen schon so lange verloren
Dass es niemandem so wichtig wäre, es zu fürchten.

Es lebt niemand, der irgendetwas fürchten muss
Von ihr, deren Verluste ihr Vergnügen sind;
Der Regenpfeifer mit einem verletzten Flügel
Bleibt nicht der Flug, den andere messen;
Da wartet sie also, und während sie lebt,
Und der Tod vergisst und der Glaube vergibt,
Ihre Erinnerungen gehen auf die Suche
Für Stücke aus Kinderliedern, die sie schätzen.

Und wie eine riesige Harfe, die summt
Immer eingeschaltet und immer verschmelzend
Das Kommen dessen, was niemals kommt
Mit dem, was vergangen ist und ein Ende hatte,
Die Stadt bebt, pocht und pocht
Draußen und durch tausend Geräusche
Die kleinen unerträglichen Trommeln
Die Zeit ist wie langsam herabsinkende Tropfen.

Beraubt genug, um einen Weisen zu beschämen
Und kaum bis lange geseufzt,
Ohne Illusionen, die man beruhigen könnte
Die einsame Unveränderlichkeit des Sterbens –
Ungesucht, ungedacht und ungehört,
Sie singt und schaut zu wie ein Vogel,
Sicher in einem bequemen Käfig
Von dort wird es kein Fliegen mehr geben.

Das brennende Buch

Oder der zufriedene Metaphysiker
Zur Überlieferung von niemandem
Hätte seine Vision nachgegeben?
Als er fand, was nie wieder passieren wird
Sei vor seiner Sicht geschützt, —
Obwohl er mit einem Großteil seines Lebens bezahlte
Wie eine Nonne hätte geben können,
Und diese Nacht wäre wie ein Messer gewesen,
Vom Teufel angezogen, vom Teufel getrieben.

Für heute Nacht, mit seinen flammenmüden Augen
Über die Arbeit, die er leistet,
Er betrachtet den Zunder, der fliegt
Und die schnelle Flamme verfolgt.
In den Blättern, die zerknittert und gekräuselt sind
Ist seine Asche der Herrlichkeit,
Und was war einmal ein Weltuntergang
Ist das Ende einer Geschichte.

Aber er lächelt, denn seine Tage werden nicht länger sein
Sei eine Mühe und eine Berufung
Für eine Möglichkeit, andere zum Staunen zu bringen
Auf Gottes Angesicht, ohne zu fallen.
Er ist am Ende seiner Worte angelangt,
Und allein freut er sich
Im Chor sorgt diese Stille
Von unbeschreiblichen Stimmen.

In einen Bereich, den seine Worte möglicherweise nicht erreichen
Er darf niemanden dazu bringen, ihn zu finden;
Ein Adept und ohne etwas zu lehren,
Er lässt nichts zurück.
Im Übrigen wird er freigelassen,
Und seine Glut war anwesend
Durch den großen und unaufhörlichen Frieden
Von einem Traum, der zu Ende ist.

Fragment

Schwache weiße Säulen, die zu verblassen scheinen
Wenn man von hier aus schaut, sieht man es als Erstes
Von seinem Haus, wo es sich im Schatten versteckt und stirbt
Von Buchen und Eichen und Hickorybäumen.
Nun mancher Mann, angesichts solcher Wälder,
Und so ein Haus und das Briony-Gold,
Hätte gesagt: „Es gibt immer noch einige Götter, denen man gefallen kann,
Und Häuser werden ohne Hände gebaut, sagt man uns.

Da sind die Säulen, und alles ist grau geworden.
Brionys Haare wurden weiß. Sie können es sehen
Wo der Garten war, wenn Sie hierher kommen.
Diese Sonnenuhr habe ihm Angst gemacht, sagte er zu mir;
„Früher oder später schlagen sie zu", sagte er,
Und das konnte er den Büchern, die er las, nie entnehmen.
Andere gedeihen, schlimmer als er,
Aber er wusste zu viel für das Leben, das er führte.

Und wer alles weiß, weiß alles
Dass ein geduldiger Geist endlich zurückkommt;
Es gibt noch mehr über seine Ernte zu erfahren
Wenn die Zeit gekommen ist, löst der Drescher die Garben;
Und es gibt mehr zu hören als einen Wind, der trauert
Für Briony jetzt in dieser zeitlosen Eiche,
Das erste seiner verwelkten Blätter treibend
Über den Steinen, wo der Brunnen zerbrach.

Lisette und Eileen

„Als er hier lebte, Eileen,
Es gab ein Wort, das du hättest sagen können;
Also egal, was ich gewesen bin,
Oder irgendetwas – denn du bist tot.

„Und danach, wenn ich dort bin
Wo er ist, wirst du immer noch sterben.
Deine Augen sind tot und dein schwarzes Haar, –
Der Rest von euch sei, was es will.

„ Es ging nur darum, ihn zu retten? Egal,
Eileen. Du hast ihn gerettet. Du bist stark.
Ich würde mich kaum wundern, wenn Ihr Typ wäre
Alles bezahlt, denn du lebst lange.

„Du bist der Letzte, meine ich. Das meine ich. "
Ich meine, du hältst so lange durch wie Lügen.
Du hättest dieses Wort sagen können, Eileen, –
Und Sie könnten Ihre Haare und Augen haben.

„Und was Sie sehen, könnte Lisette sein,
Stattdessen hat das keinen Namen.
Dein Schweigen – ich kann es noch spüren,
Lebendig und in mir, wie eine Flamme.

„Wo könnte ich heute bei ihm sein,
Hätte er es wissen können, bevor er es hörte?
Aber nein – dein Schweigen hatte seinen Willen,
Ohne Waffe und ohne Wort.

„Weil nie ein Wort gesagt wurde,
Ich gehe wie ein abgenutztes Spielzeug vor.
Und du bist tot; und du wirst alt sein;
Und ich vergebe dir, nehme ich an.

„Ich werde mich bald ändern, wie alle es tun,
Zu etwas, das wir schon immer waren;
Und du wirst alt sein... Er mochte dich auch.
Dann hätte ich dich vielleicht getötet, Eileen.

„Ich denke, er mochte dich genauso sehr

Es gab einen Grund zu sehen:
So viel wie Gott Schwarz und Blau geschaffen hat.
Er mochte deine Haare und Augen, Eileen.

Llewellyn und der Baum

Hätte er Priscilla zum Teilen zwingen können?
Das Paradies, das er geplant hatte,
Llewellyn hätte seine Frau geliebt
Sowie alle anderen im Land.

Hätte er Priscilla dazu bringen können, damit aufzuhören?
Um ihn zu dem anzuspornen, was Gott ausgelassen hat,
Llewellyn wäre genauso mild gewesen
Wie alles, worüber wir gelesen haben.

Hätte alles sein können, wie nicht alles war,
Llewellyn hätte keine Geschichte gehabt;
Er wäre ein ruhiger Mann geblieben
Und seinen ruhigen Weg zum Ruhm gegangen.

Aber so mild er auch war
Priscilla war unerbittlich;
Und welche schüchternen Hoffnungen auch immer
Er baute – sie fand sie und sie fielen.

Und das ging mit Unterbrechungen so weiter
Von mühsamer Harmonie zwischen
Durchschlagende Zwietracht, bis endlich
Llewellyn drehte sich um – wie noch zu sehen sein wird.

Priscilla, wärmer als ihr Name,
Und schriller als das Geräusch von Sägen,
Verfolgte Llewellyn einmal zu weit,
Ich wusste nicht ganz , wer er war.

Je mehr sie sagte, desto heftiger klammerte sie sich an sie
Das stechende Gewand seines Zorns;
Und das war alles vor dem Tag
Als die Zeit ihm Rosen in den Weg warf.

Bevor die Rosen jemals kamen
Llewellyn war bereits aufgestanden.
Die Rosen haben ihn vielleicht ruiniert,
Möglicherweise haben sie ihn aus dem Gefängnis herausgehalten.

Und sie, die sie brachte, war das Schicksal,

Rosen machten die Arbeit von Speeren, –
Obwohl viele nichts mehr aus ihr machten
  Als Zibet, Koralle, Rouge und Jahre.

Sie fragen uns, was Llewellyn gesehen hat,
Aber warum fragen, was nicht gegeben werden darf?
Für einige wird eine Zeit der Veränderung kommen
An sich ist Schönheit, wenn nicht der Himmel.

Eines Nachmittags sprach Priscilla:
Und ihre schrille Geschichte war vorbei;
Jedenfalls sprach sie nie
So geht es jedem wieder.

Ein goldener Oktobernachmittag
Große Wut erfüllte die stille Luft;
Und dann sprang Llewellyn und floh
Wie einer mit Hornissen im Haar.

Llewellyn hat uns verlassen, und er sagte
Für immer und nur wenige, die an ihm zweifeln;
Und so, durch Frost und klickende Blätter,
Der Tilbury-Weg ging ohne ihn weiter.

Und langsam, durch den Tilbury-Nebel,
Die Stille des Oktobergoldes
Ging wie Schönheit aus einem Gesicht.
Priscilla sah es sich an und wurde alt.

Er floh und hielt sich immer noch fest
Die Rosen, die sein Sturz gewesen waren;
Der Scharlachrote, wie Sie vermuten,
Flüchtete mit ihm, Koralle, Rouge und allem.

Priscilla wartete und sah die Veränderung
Von zwanzig langsamen Oktobermonden;
Und dann verschwand sie ihrerseits
Zum Vergessen, wie alte Melodien.

 Also waren sie weg – alle drei,
Ich hätte sagen sollen und nichts mehr sagen sollen:
Hatte kein einziges Mal ein Gesicht am Broadway
War einer, den ich schon einmal gesehen hatte.

Das Gesicht und die Hände und Haare waren alt,
Aber weder Zeit noch Not
Könnte in Llewellyns Augen erlöschen
Der Glanz seines einzigen Sieges.

Die Rosen, verblasst und vergangen,
Hinterließen Ruinen, wo sie einst geherrscht hatten;
Aber auf dem Wrack, wie auf alten Granaten,
Die Farbe der Rose blieb erhalten.

Seine fiktiven Waren habe ich gekauft
Damit er es behält und wieder zeigt,
Dann führte er ihn langsam aus dem Gedränge
Von seinen kaltschultrigen Mitmenschen.

„Und so, Llewellyn", begann ich –
„Nicht so", sagte er; „Überhaupt nicht so:
Ich habe die Welt ausprobiert und fand sie gut,
Seit mehr als zwanzig Jahren in diesem Herbst.

„Und was die Welt von mir übrig hat
Ich werde jetzt in Kürze gehen.
Und was die Welt von ihm übrig hatte
War teilweise eine unheilige List.

„Dass ich für meine Ruhe bezahlt habe
Ist das, was Sie sehen, wenn Sie Augen haben;
Denn sei ein Mann zu lange ruhig,
Er bezahlt viel, bevor er stirbt.

„Seien Sie ruhig, wenn Sie alt werden
Und Sie haben nichts anderes zu tun;
Gieße den Wein des Lebens nicht zu dünn ein
Wenn Wasser den Tod von dir bedeutet.

„ Sie sagen, ich hätte es vielleicht zu Hause gelernt
Die Wahrheit in der Saison, um stark zu sein?
Nicht so; Ich habe den Wein des Lebens genommen
Zu dünn und ich war zu lange ruhig.

„Wie andere, die zu spät stark werden,
Für mich gab es kein Zurück;

Denn ich hatte eine andere Geschwindigkeit gefunden,
Und ich war auf der anderen Seite.

„Gott weiß, wie weit ich hätte gehen können
Oder was es zu sehen gegeben hätte;
Aber meine Geschwindigkeit hatte ein plötzliches Ende,
Und hier hast du mein Ende.

Das Ende oder nicht, es kann jetzt sein
Aber kaum weiter von der Wahrheit entfernt
Um diese abgenutzten satirischen Augen zu sagen
Hatte etwas von unsterblicher Jugend.

Er könnte einer der Millionen hier sein
Eins sein; oder er kann, ganz genauso gut,
Gehen Sie, um den Baum wiederzufinden
Aus dem Wissen, aus dem er herausfiel.

Vielleicht ist er in unserer Nähe und träumt noch
Von reuelosem Rouge und Koralle;
Oder in einem Grab ohne Namen
Kann als Moral so weit entfernt sein.

Bewick Finzer

Es war die Zeit, in der seine halbe Million gezogen wurde
Der Atem von sechs Prozent;
Aber bald der Wurm dessen, was nicht war
Er ernährte sich intensiv von seinem Inhalt;
Und etwas brach in seinem Gehirn zusammen
Als seine halbe Million weg war.

Die Zeit verging und füllte sich mit seiner
Der Ort von vielen mehr;
Die Zeit kam, und kaum einer von uns
Hatte Glaubwürdigkeit wiederherzustellen,
Von dem, was eines Tages erschien, der Mann
Wen wir schon vorher gekannt hatten.

Die gebrochene Stimme, der verdorrte Hals,
Der Mantel ist mit Sorgfalt abgenutzt,
Die Reinheit der Armut,
Der Glanz der Verzweiflung,
Die liebevollen, unwägbaren Träume
Von Wohlstand — alle waren da.

Der arme Finzer mit seinen Träumen und Plänen,
Fährt jetzt hart im Rennen,
Mit Herz und Auge, die eine Aufgabe haben
Wenn er ins Gesicht schaut
Von jemandem, der es so leicht könnte
War an Finzers Stelle.

Er ist für den Kredit unfehlbar
Wir geben und vergessen dann;
Er kommt, und zwar wahrscheinlich für Jahre
Wird er noch kommen?
Vertraut wie ein alter Fehler,
Und sinnlos wie Bedauern.

Bokardo

Nun, Bokardo , hier sind wir;
Fühlen Sie sich wie zu Hause.
Schauen Sie sich um — Sie haben es nicht weit
Schauen — und warum dumm sein?
Nicht der Ort, der früher war,
Es gibt nicht so viel zu sehen;
Aber es gibt Platz für dich und mich.
Und du — du bist gekommen.

Reden Sie ein wenig; oder, wenn nicht,
Zeigen Sie es mir mit einem Schild
Warum hast du es vergessen?
Was war deins und meins?
Ich nehme an, Freunde sind kleine Dinge
In einer Zeit, in der Münzen Könige sind;
Selbst dabei schleudert man kaum
Freunde vor Schweinen.

Eher stark? Ich wusste so viel,
Denn es hat dich zum Sprechen gebracht.
Keine Beleidigung für Schweine als solche,
Aber warum dieses Versteckspiel?
Du hast etwas auf deiner Seite,
Und du wünschst, du wärst gestorben,
    Also sag es mir. Und du hast es versucht
    Eine Nacht letzte Woche?

Du hast dir Mühe gegeben? Und selbst dann
Haben Sie eine Zeit zum Innehalten gefunden?
Wenn du es noch einmal so sehr versuchst,
Du wirst einen anderen Grund haben.
Wenn Sie uneins sind
Mit allen Träumern aller Götter,
Du kannst dich mit Ruten schlagen —
Aber nicht die Gesetze.

Obwohl sie eine gewisse Boshaftigkeit zu zeigen scheinen
Eher teuflisch,
Sie gehen weiter wie mit Gewalt
Stärker als dein Wunsch.
Dennoch, so stark sie auch sein mögen,

Sie warten auf die Autorität des Menschen:
Xerxes, als er das Meer auspeitschte,
Vielleicht hat er einen Fisch erschreckt.

Es ist ein Trost, wenn Sie so wollen,
Um die Ehre warm zu halten,
Aber so oft du zuschlägst
Die Gesetze schaden dir nicht.
Zu den Gesetzen, meine ich. Zu dir-
Das ist eine andere Sichtweise,
Eines, das Sie genauso gut induzieren können
Mit etwas Alarm.

Nicht das heldenhafteste Gesicht
Zu präsentieren, gebe ich zu;
Sie werden auch keine Schande garantieren
Indem du Angst davor hast, was du willst.
Freiheit hat eine Welt von Seiten,
Und wenn die Vernunft einmal spottet
Mut, dann verbirgt sich dein Mut
Eine Menge Geschwätz .

Lerne ein wenig zu vergessen
Das Leben war einst ein Fest;
Du bist noch nicht zum Sterben geeignet,
Also sei kein Biest.
Nur wenige Männer mit Verstand werden sagen:
Ich denke zweimal darüber nach, dass sie bezahlen können
Die Hälfte ihrer Schulden von gestern,
Oder freigelassen werden.

Du hast jetzt Schulden im Kopf
Mehr als jedes Gold?
Und es gibt nichts, was Sie finden können
Da draußen in der Kälte?
Nur – wie heißt er? – Reue?
Und der Tod reitet auf seinem Pferd?
Sei froh, dass es nichts Schlimmeres gibt
*   Als du es gesagt hast.*

Überlasse es der Reue, seine Hände zu wärmen
Draußen im Regen.
Was den Tod betrifft, so versteht er,

Und er wird wiederkommen.
Deshalb, bis Ihr Verstand klar ist,
Blühen Sie und seien Sie ruhig – hier.
Aber ein Teufel an jedem Ohr
Wird es eine Belastung sein?

Über jeden Zweifel hinaus werden sie es tatsächlich tun,
Mehr als Sie verdient haben.
Ich sage das, weil du es brauchst
Waschung, verbrannt werden?
Nun, wenn Sie es so haben müssen,
Ihr letzter Flug verlief eher niedrig.
Besser gesagt, du musstest es wissen
Was Sie gelernt haben.

Und das ist vorbei. Hier sind Sie ja,
Von der Vergangenheit zerschlagen.
Die Zeit wird seine kleine Narbe haben,
Aber die Wunde wird nicht von Dauer sein.
Auch keine erschütternde Überraschung
Finden Sie eine Welt ohne Augen
Wenn ein Stern verblasst, wenn der Himmel verschwindet
Sind bewölkt.

Gott weiß, es gibt genug Leben,
Zerquetscht und zu weit weg
Länger, um Predigten zu halten,
Und die lassen wir in Ruhe.
Andere könnten, wenn sie wollen, zerreißen
Die abgenutzte Geduld eines Freundes
Wer, obwohl er lächelt, das Ende sieht,
Ohne dass etwas getan wurde.

Aber dein Eifer, frei zu sein
Flüchtete vor dem Glauben, den er verachtete;
Der Tod erfordert Anstand
Von dir, und du bist gewarnt.
Aber für alles, was wir geben, bekommen wir
Meistens Schläge? Seien Sie nicht verärgert;
Du, Bokardo , bist es noch nicht
Verzehrt oder betrauert.

Es wird in Sichtweite fallen

Viel muss neu geordnet werden;
Und es wird eine Zeit für dich geben
Über die Veränderung staunen.
Die am wenigsten zu fürchten haben
Frage am härtesten, was hier ist;
Wenn lange verborgene Himmel klar sind,
Die Sterne sehen seltsam aus.

Der Mann gegen den Himmel

Zwischen mir und dem Sonnenuntergang, wie eine Kuppel
Gegen den Ruhm einer Welt in Flammen,
Jetzt brannte plötzlich ein Hügel,
Düster, rund und hoch, durch flammenerleuchtete Höhe erhöht,
Ohne dass die Flamme etwas töten könnte
Rette jemanden, der umgezogen ist und allein dort oben war
Vor dem Chaos und der Blendung auftauchen
Als wäre er der letzte Gott, der nach Hause ging
Bis zu seinem letzten Wunsch.
Dunkel, wunderbar und unergründlich ging er weiter
Bis er die feurige Distanz hinunter war, war er verschwunden, –
Wie eines dieser ewigen , fernen Dinge
Das reicht über die Vorstellungen eines Mannes hinaus
Wenn eine bestimmte Musik ihn erfüllt und er es weiß
Was er danach vielleicht zu wenigen Männern sagen wird:
Die Berührung der Jahrhunderte hat gewirkt
Ein Echo und ein Einblick in das, was er dachte
Bis dahin ein Phantom oder eine Legende;
Denn ob erleuchtet ist über Wege, die retten,
Oder aus aller Ruhe gelockt,
Wenn er zu weit geht , um ein Grab zu finden,
Meistens geht er alleine.

Sogar er, der dort stand, wo ich ihn gefunden hatte,
In der Höhe, umgeben von Feuer , –
Wer zog durch den geschmolzenen Westen,
Und über die Kuppe des runden Hügels
Das schien halb bereit zu sein, unterzugehen,
Von der Flamme gebissen und von der Flamme gespalten, –
Als ob es nichts Letztes mehr gäbe
Einer namenlosen , unvorstellbaren Stadt –
Sogar derjenige, der hinaufstieg und verschwand, könnte es mitgenommen haben
Bis zu den Gefahren einer unbekannten Tiefe,
Vor dem Tod verteidigt, obwohl von verlassenen Männern,
Das Brot, das jeder allein essen muss;
Möglicherweise ging er zu Fuß, während andere es kaum wagten
Schauen Sie zu und sehen Sie, wie er dort steht, wo viele fielen.
Und daraus hinauf, wie aus der Hölle,
Er mag gesungen und sich bemüht haben
Aufsteigen, wo noch mehr von ihm gegeben werden soll,

Ohne jeglichen Rückzug,
Zur siebenfachen Hitze, –
Wie an einem Tag, an dem sich drei in Dura teilten
Der Ofen und blieb verschont
Zur Ehre dieses Königs von Babylon
Der sich so groß machte, dass Gott, der hörte,
Bedeckte ihn mit langen Federn, wie ein Vogel.

Auch hier könnte es sein, dass er leicht untergegangen ist,
Durch angenehme Höhen und gefunden,
Wie immer fester Boden unter ihm
Wohin genügen und stehen
Das gelobte Land bereits im Besitz,
Weit gestreckt und schön anzusehen:
Ein schöner Anblick, wahrlich,
Und einer, um die Augen derjenigen zu machen, die ihn geboren haben
Strahlen Sie froh mit verborgenen Tränen.
Warum Frage nach seiner Leichtigkeit, wer vor ihm,
An dem einen oder anderen Ort, wo sie gegangen sind
Ihre Namen so weit hinter ihnen wie ihre Knochen,
Und doch, durch Schlachten, Mühsal und Diebstahl,
Und geschickt geschärfte Steine,
Hat sich seinen Aufstieg hart erarbeitet
Durch Wüsten verlorener Jahre?
Warum beunruhigt man jetzt den , der sieht und hört?
Nicht mehr als das, was seine Unschuld erfordert,
Und strebt daher keine andere Höhe an
     Als einer, bei dem er weder zittert noch ermüdet?
Er kann mehr tun, indem er sieht, was er sieht
     Als andere, die nach Ungerechtigkeiten streben;
Er kann, indem er alle Dinge zum Besten sieht,
Regen Sie die Zukunft an, den Rest zu erledigen.

Oder mit gleichmäßiger Wahrscheinlichkeit,
Möglicherweise stieß er auf schreckliche Augen
Die Feuer der Zeit zu gleichen Bedingungen und vergingen
Gleichgültig nach unten, bis endlich
Seine einzige Art von Größe wäre gewesen,
Anscheinend darin, gesehen zu werden.
Er mag es zum Bösen oder zum Guten gehabt haben
Kein Argument; Vielleicht war es ihm egal
Denn was ohne sich selbst ging irgendwohin
Zum Scheitern oder zum Ruhm, und am allerwenigsten

Für solch ein abgestandenes, extravagantes Wunder;
Er könnte der Prophet einer Kunst gewesen sein
Unerschütterlich gegenüber altem Götzendienst;
Er könnte ein Spieler ohne Rolle gewesen sein,
Genervt, dass sogar die Sonne den Himmel haben sollte
Für solch eine flammende Art der Werbung;
Möglicherweise war er ein im Herzen kranker Maler
Während die Natur nach einer neuen Überraschung strebt;
Er könnte ein Zyniker gewesen sein, der jetzt für alle
Von allem Göttlichen, das seine Wirkung hat
Verneinung mag geschmeckt haben,
Sah die Wahrheit in seinem eigenen Bild, eher klein,
Unterlasse es, das Vergängliche zu fiebern,
Jede karge Höhe empfand ich als guten Rückzugsort
Von jeder belebten Straße,
Und in der Sonne sah man eine gewaltige Energieverschwendung;
Und wenn die primitiven altmodischen Sterne
Kam wieder heraus, um über Freuden und Kriege zu strahlen
Primitiver und alle für den Untergang gerüstet,
Er hat vielleicht bewiesen, dass die Welt eine traurige Sache ist
In seiner Vorstellung,
Und das Leben ist eine beleuchtete Straße zum Grab.

Oder mit schwachem, unerforschendem Schritt aufsteigend ,
Seine Hoffnungen führten zum Chaos,
Vielleicht ist er aus der Vergangenheit dorthin gestolpert,
Und mit einer schmerzlichen Fremdheit betrachtete man das Letzte
Abgründiger Feuersbrunst seiner Träume, –
Eine Flamme, in der nichts scheint
Nur die Flamme selbst verbrennen, von nichts genährt;
Und während alles ausging,
Nicht einmal der schwache beruhigende Zweifel
Könnte dann einen schmerzhaften Untergang gelindert haben
Von den abgebildeten Höhen der Macht und des verlorenen Ruhms,
Ausführlich wird sein überlebtes Unterfangen enthüllt
Für immer fern und unnahbar;
Und vielleicht hat es an seinem Herzen genagt
Krankhafte Erinnerungen an einen toten Glauben, vereitelt und fehlerhaft
Und seit langem vom lebendigen Tod entehrt
Zufällig gleich zugeordnet
An Rohlinge und Hierophanten;
Und Kummer lastete auf denen, die er um sich herum liebte
Vielleicht hat er einst den letzten Schlag versetzt, um ihn zu verwirren,

Und haben ihn so verlassen, wie der Tod ein Kind verlässt,
Wer sieht es allzu nah ;
Und wer keinen jungen Weg zum Vergessen kennt
Kann unversöhnt zum Grab kämpfen.
Welche Sonnen auch immer auf- oder untergehen mögen
Hier gibt es vielleicht nichts Freundlicheres für ihn
   Als Wellen und Qualen;
Und darunter
Er kann aufschreien und furchtbar weitermachen;
Oder weil ich im Tod etwas zu Kleines sah, um es zu fürchten,
Er kann wie ein stoischer Römer voranschreiten
Wo Schmerzen und Schrecken auf seinem Weg liegen, –
Oder die schnelle Logik einer Frau ergreifend,
Verfluche Gott und stirb.

Oder vielleicht dort, wie viele andere auch
Wer hätte oben stehen und nach vorne schauen können,
Schwarz gezeichnet gegen wildes Rot,
Möglicherweise hat er gebaut, ohne sich von feurigen Gules einschüchtern
zu lassen
Dass in ihm keine Aufregung regte,
Ein lebendiger Grund aus Molekülen
Warum Moleküle entstanden sind,
Und einer dafür, dass er lächelte, obwohl er hätte seufzen können
Hätte er weit genug gesehen,
Und in den gleichen unvermeidlichen Dingen
Habe auch einen seltsamen Grund zum Stolz entdeckt
Indem er das war, was er gesetzlich gewesen sein musste
Unzerbrechlich und aus keinem Grund.
Lassen Sie sich von keiner Verwirrung oder Überraschung abschrecken
Vielleicht hat er es mit seinen mechanischen Augen gesehen
Eine Welt ohne Bedeutung und mit Platz,
Allein inmitten von Pracht und Untergang,
Sich ein luftiges Denkmal errichten
Das sollte, oder ihn in seiner vagen Absicht scheitern lassen,
Überdauern Sie ein zufälliges Universum –
Um es nicht schlimmer zu nennen –
Oder durch die wühlende List
Von der Zeit zerfallen und ausgelöscht,
Als würden einstmals erinnerte mächtige Bäume umfallen
Zum Ruin, dessen Spuren nun vom Menschen verfolgt werden können
Kein Teil reicht auch nur aus, um faul zu sein,
Und im Buch der vergessenen Dinge

Wird als eine nicht ganz lohnenswerte Sache eingetragen .
Er war vielleicht so großartig
Diese Satrapen hätten vor seinem Stirnrunzeln gezittert,
Und alles, was er am Leben hält, kann einen Staat regieren
Nicht größer als ein Grab, in dem sich ein Clown befindet;
Vielleicht war er Herr seines Schicksals,
Und seiner Atome – bereit wie ein anderer
In seinem Auftauchen zur Entlastung
Sein Vater und seine Mutter;
Er könnte ein Heerführer gewesen sein,
Selbstberedet und reif für Wunder,
Hier ist es verdammt, in gefährlichem Maße anzuschwellen,
Und dann den Geist aufgeben.
Nahums große Heuschrecken waren wie diese:
Von der Sonne zerstreut und bald verloren.

Welchen dunklen Weg er auch genommen haben mag,
Dieser Mann , der oben stand
Und allein dem Himmel gegenüberstehen,
Was auch immer ihn trieb, lockte oder leitete , –
Eine Vision, die einem unerschütterlichen Glauben antwortet,
Ein leichtes Vertrauen, das von leichten Prüfungen ausgeht,
Eine kranke Verneinung, die aus schwachen Verleugnungen entsteht,
Eine wahnsinnige Abscheu vor einem alten Zustand,
Eine blinde Teilnahme an einem kurzen Ehrgeiz, –
Was auch immer ihn aufhielt oder verspottete,
Sein Weg war genau wie unserer;
Und wir, mit all unseren Wunden und all unseren Kräften,
Muss jeder allein auf seiner Höhe warten
Eine andere Dunkelheit oder ein anderes Licht;
Und da, von unserer armen Selbstbeherrschung reft ,
Wenn Schlussfolgerung und Vernunft meiden
Hölle, Himmel und Vergessenheit,
Möge der Wille vereitelt werden (zwangsläufig prekär,
Aber für unsere Erhaltung besser so)
Habe keine Bedenken mehr
Was wollen wir hier noch tun?
Oder wenn wir bis zum Letzten davon festhalten,
Wenn wir glauben oder protestieren, glauben wir
In einem so müßigen und vergänglichen Zustand
Aufblühen des Teuflischen –
Wenn, beraubt von zwei lieben alten Ungeheuerlichkeiten,
Unser Wesen hatte keine weiteren Vorzeichen,

Was hätte diese große Liebe von uns dann zu sagen?
Um andere Leben wieder auf die Reise zu schicken
Ein wenig weiter in Zeit und Schmerz,
Etwas schneller in einer vergeblichen Verfolgungsjagd
Für ein Königreich und eine Macht und eine Rasse
Das wäre noch in Sicht gewesen
Ein offensichtliches Ende von Asche und ewiger Nacht?
Ist das die Musik der Spielzeuge, die wir schütteln?
So laut, als ob es keinen Fehler gäbe
Irgendwo in unserem unbeugsamen Willen?
Sind wir nicht größer als der Lärm, den wir machen?
Auf einer blinden Atompilgerreise
Worauf wir durch einen krassen Zufall einquartiert werden
Denn unser Gehirn und unsere Knochen und Knorpel
Wird es so sein?
Wenn wir das sagen, dann lasst uns alle still sein
Über unseren Anteil daran, über unser Leben und Sterben
Leiser dadurch.

Wohin ging er, dieser Mann gegen den Himmel?
Du weißt es nicht und ich weiß es auch nicht.
Aber das wissen wir, wenn wir etwas wissen:
Dass wir lachen, kämpfen und singen können
Und opfere hier unsere Vergänglichkeit
An ein orientierendes Wort, das nicht ausgelöscht wird,
Oder speichern Sie es in unkommunizierbaren Glanzlichtern
Zu dauerhaft für Träume,
Gefunden oder bekannt sein.
Kein Stärkungsmittel und kein anspruchsvoller Reizstoff
Von Zuwachs oder von Mangel
Hat eine ansonsten sinnlose Verschwendung gemacht
Von Zeitaltern gestürzt
Ein rücksichtsloser, verschleierter, unversöhnlicher Vorgeschmack
Von anderen Zeitaltern, die noch kommen werden
Ausgeschöpft und unterschiedlich belohnt
Weil einige, durch die Ökonomie des Schicksals,
Scheint die Welt so zu bewegen, wie sie läuft;
Kein sanftes Evangelium der Gleichheit,
Sicher gebettet in einer gemeinschaftlichen Ruhe
Das drängt sich in den Tod und vielleicht endlich
Seien Sie gut mit äquatorialem Schnee bedeckt —
Und das alles wozu, weiß der Teufel nur —
Werde zur Bestätigung eine Ahnung zusammentragen

Der Kredit eines Weisen oder eines Wurms,
Oder sagen Sie uns, warum jeder fünfte Mann
Man sollte darauf achten, am Leben zu bleiben
Während er in seinem Herzen ist, fühlt er keine Gewalt
Gestützt auf seinen Humor und seine Intelligenz
Wenn die Säuglingswissenschaft ein freundliches Gesicht macht
Und winkt erneut mit diesem hohlen Spielzeug, der Rasse;
Keine Planetenfalle, in der Seelen geschaffen werden
Nur um erwischt zu werden
Und wieder zu nichts geschickt, wird sich einstimmen
Sich selbst zu jedem Schlüssel aus irgendeinem Grund
Warum der Mensch eine weitere Jahreszeit lang hungern sollte
Um herauszufinden, warum es besser spät als bald war
Weggehen und Sonne und Mond lassen
Und all die dummen Sterne leuchten
Ein Ort für kriechende Dinge,
Und diejenigen, die brüllen und posaunen und Flügel haben,
Und hüten und wiederkäuen,
Oder tauchen und blitzen und balancieren in Flüssen und Meeren,
Oder an ihren treuen Schwänzen in hohen Bäumen
Hang kreischend, unzüchtiger, siegreicher Spott
Von der unsterblichen Vision des Menschen.

Sollen wir, denn Eternity zeichnet auf
Eine zu weitreichende Antwort für die althergebrachten Worte
Wir buchstabieren, wovon so viele einst gestorben sind
In unseren launischen Lexika
Wir waren so lebendig und endgültig, höre nichts mehr
Das Wort selbst, das lebendige Wort, kein Mensch
Hat jemals geschrieben,
Und nur wenige haben es jemals gefühlt
Ohne die Ängste und alten Kapitulationen
Und Schrecken, die begannen
Als der Tod eine Feder von seinen Flügeln fallen ließ
Und den ersten Mann gedemütigt?
Denn das Gewicht unserer Demut,
Wovon wir profitieren
Ein wenig Weisheit und viel Schmerz,
Fällt hier zu wund und da zu langweilig,
Sind wir in Angst oder Selbstgefälligkeit,
Nicht weit genug nach vorne schauen
Um zu sehen, von welchen verrückten Kurieren wir geführt werden
Auf den Straßen des Lächerlichen,

Sich selbst zu bemitleiden und über den Glauben zu lachen
Und während wir das Leben verfluchen, ertragen wir es?
Und wenn wir die Sackgasse der Seele im Tod sehen,
Müssen wir uns davor fürchten?
Was ist das für eine Torheit, die noch keinen Namen hat?
Es sei denn, wir sagen direkt, dass wir Lügner sind?
Was haben wir jenseits unserer Feuer bei Sonnenuntergang gesehen?
Das erhellt wieder den Weg, den wir gekommen sind?
Warum zahlen wir einen solchen Preis und einen, den wir geben?
So schreiend , für jeden erschöpften, leeren Tag
Das führt zu einer weiteren letzten menschlichen Hoffnung,
Als stille Unholde würden an unseren verrückten Augen vorbeiführen
Unsere Kinder zu einem unsichtbaren Opfer?
Wenn nach all dem, was wir gelebt und gedacht haben,
Alles wird zunichte gemacht ,—
Wenn nach Jetzt nichts mehr ist,
Und wir sind sowieso nichts,
Und wir wissen , warum leben?
*   „Es waren sicher, aber Schwächlinge" vergeblicher Kummer*
Kerker zu erleiden, in denen es so viele Türen gibt
Wird sich an den kalten ewigen Ufern öffnen
Das sieht schlicht aus
Zu den dunklen, gezeitenlosen Fluten des Nichts
Wo alle, die es wissen, ertrinken können.

[Ende des Textes.]
Aus den Originalanzeigen:
Vom selben Autor
Captain Craig, Ein Buch mit Gedichten
   Überarbeitete Ausgabe mit zusätzlichen Gedichten, 12 Monate, Stoff,
   1,25 §

„Heutzutage gibt es nur wenige auf Englisch schreibende Dichter, deren Werk so von individuellem Charme durchdrungen ist wie das von Herrn Robinson. Man spürt immer die Präsenz eines Mannes hinter dem Dichter – eines Mannes, der das Leben, die Menschen und die Dinge kennt und darüber schreibt." eindeutig, mit einer subtilen poetischen Einsicht, die in der Arbeit keines anderen lebenden Schriftstellers sichtbar ist." – „Brooklyn Daily Eagle".

„Das ‚Book of Annandale', ein großartiges Gedicht in dieser Sammlung, ist eine der bewegendsten emotionalen Erzählungen der modernen Poesie." —'Rezension der Rezensionen'.

„... Sein Umgang mit griechischen Themen offenbart ihn als einen Lyriker von unnachahmlichem Charme und Können." – „ Reedy's Mirror".

„Ein Gedicht, das Bestand haben muss; wenn Dinge, die ein langes Leben verdienen, es bekommen." – „NY Evening Sun".

„Wo immer Sie Menschen hören, die sich auskennen, sprechen sie von amerikanischen Dichtern ... sie gehen davon aus, dass Sie das Genie und den Platz von Edwin Arlington Robinson als selbstverständlich ansehen ... Ein Mann, der etwas zu sagen hat, das Wert und Schönheit hat. Sein Denken ist tiefgründig und seine Ideen sind hochtrabend und anregend." – „Boston Transcript".

Vom selben Autor————————

Das Stachelschwein: Ein Drama in drei Akten
Stoff, 12 Monate, 1,25 $

Edwin Arlington Robinsons Komödie „Van Zorn" erwies sich als einer der versiertesten amerikanischen Dramatiker der jüngeren Generation. Über dieses Stück heißt es im „Boston Transcript": „Es ist eine wirkungsvolle Darstellung des modernen Lebens in New York City, in der ein Dichter seine Fähigkeiten als Dramatiker unter Beweis stellt ... er bringt dem amerikanischen Drama heute etwas ein, was ihm leider fehlt." , und das ist Charakter." In Art und Technik erinnert Mr. Robinsons neues Stück „The Porcupine" an einige Werke von Ibsen. Geschickt geschrieben und mit der literarischen Klugheit, die in „Van Zorn" zum Ausdruck kommt, erzählt es die Geschichte einer häuslichen Verstrickung auf dramatische Weise, die gut geeignet ist, die Aufmerksamkeit des Lesers zu fesseln.

„Enthält alle Qualitäten, die dem amerikanischen Drama offensichtlich fehlen." – „NY Evening Sun".

Van Zorn: Eine Komödie in drei Akten

, 12 Monate, 1,25 $

Herr Robinson gilt als Anführer der heutigen amerikanischen Dichter. In diesem entzückenden Stück erzählt er mit bissigem Humor die Geschichte der Erlösung einer Seele. Durch geschickte Anordnung der Ereignisse und geschickte Charakterisierung erweckt er die Neugier des Lesers stark und die Spannung wird bewundernswert aufrechterhalten. Der Dialog ist lebhaft und der Aufbau der Handlung zeigt die Arbeit eines Menschen, der sich mit der Technik des Dramas bestens auskennt.

Hinweise zum Etext :

John Gorham:

Fängt ihn, lässt ihn los und frisst ihn zum Spaß auf."—
gewechselt zu:
Fängt ihn, lässt ihn los und frisst ihn zum Spaß auf."—
Ben Jonson unterhält einen Mann aus Stratford:

Was auch immer es sein mag, davon wird es nichts mehr geben;
nicht geändert, aber als möglicherweise falsch vermerkt — sollte es so sein?:
Was auch immer es sein mag, es wird nichts mehr davon geben;

Dann sind doch noch ein Bild in unserer Vision.
gewechselt zu:
Dann sind noch ein Bild in unserer Vision.

Über den Autor:
Edwin Arlington Robinson, 1869-1935.

Aus den biografischen Notizen von „The Second Book of Modern Verse"
(1919, 1920), herausgegeben von Jessie B. Rittenhouse:

Robinson, Edwin Arlington. Geboren am 22. Dezember 1869 in Head
Tide, Maine. Ausbildung an der Harvard University. Herr Robinson ist ein
psychologischer Dichter von großer Subtilität; seine Gedichte sind meist
Typenstudien und er hat uns eine bemerkenswerte Porträtserie geschenkt. Er
gilt als einer der bedeutendsten und bedeutendsten Dichter unserer Zeit.
Seine aufeinanderfolgenden Bände sind: „Children of the Night", 1897;
„Captain Craig", 1902; „Die Stadt am Flussufer", 1910; „Der Mann gegen
den Himmel", 1916; „Merlin", 1917; und „Launcelot", 1920. Der
letztgenannte Band wurde 1919 von der Lyric Society für das beste
Buchmanuskript, das ihr angeboten wurde, mit einem Preis von fünfhundert
Dollar ausgezeichnet. Zusätzlich zu seiner Arbeit in der Poesie hat Herr
Robinson geschrieben zwei Prosastücke, „Van Zorn" und „Das
Stachelschwein".

In „American Poetry Since 1900" bemerkt Louis Untermeyer: „Sein
Name war nur wenigen Literaten bekannt, bis Theodore Roosevelt ... ihn
lobte und unterstützte." Rittenhouses biographische Notizen (oben zitiert)
enthalten diesen Eintrag unmittelbar vor Edwin Arlington Robinsons:
„Robinson, Corinne Roosevelt... Mrs. Robinson, die eine Schwester von Col.
Theodore Roosevelt ist, ... hat mehrere Versbände geschrieben. .." Es ist
immer interessant, das Zusammentreffen von Ereignissen in der Geschichte
zu sehen, und es lohnt sich zu fragen, ob dies nicht einmal ein
Kausalzusammenhang war. – AL